Fragen an die Welt

Ethik Klassen 5/6
Sachsen

Liebe Schülerinnen und Schüler,

Ihr habt das Fach Ethik gewählt. Der Begriff Ethik wird von dem griechischen Wort ethos abgeleitet und bedeutet so viel wie Gewohnheit, Sitte oder Regel. Die Ethik* ist eine wichtige Disziplin der Philosophie. Sie beschäftigt sich mit der Frage nach dem moralisch guten menschlichen Handeln: Ist es beispielsweise moralisch gerechtfertigt, Schimpfwörter zu anderen Menschen zu sagen, wenn die Wut in mir kocht?
Innerhalb der Ethik spielen Fragen an die Welt eine wichtige Rolle. Philosophinnen und Philosophen* begannen vor ungefähr 2 500 Jahren in Griechenland über die Entstehung der Welt, die besonderen Fähigkeiten des Menschen und den Unterschied zwischen Wissen und Glauben nachzudenken. Philos heißt Freund und Sophia bedeutet Weisheit: Philosophinnen und Philosophen sind also Freunde der Weisheit.

Wenn jemand über die Welt nachdenkt, dann möchte er auch wissen, wie er das am besten machen kann. Wir stellen deshalb im ersten Kapitel „Ich habe so viele Fragen im Kopf" vier Grundmethoden des Philosophierens vor. Wir beginnen mit dem Nachdenken über Begriffe. Oftmals sprechen wir von Glück oder Gerechtigkeit und denken gar nicht darüber nach, was wir darunter verstehen. Dazu wollen wir euch im Ethikunterricht verstärkt ermuntern.
Die zweite Methode ist das Argumentieren. Wenn jemand beispielsweise sagt, dass die Welt nicht gerecht ist, dann muss er auch sagen, warum er das so sieht, z. B.: Die Welt ist nicht gerecht, *weil* manche Menschen im Überfluss zu essen haben und andere hungern. Wie ihr seht, hat das kleine Wörtchen „weil" beim Philosophieren eine große Bedeutung.
Im Ethikunterricht habt ihr sicherlich manchmal das Problem, dass ihr eine Frage wie beispielsweise, ob auch Blumen glücklich sein können, nicht für alle Mitschülerinnen und Mitschüler überzeugend klären könnt. Einige von euch meinen vielleicht, dass Blumen glücklich sein können, weil sie durch die Farbe ihrer Blätter zeigen, ob sie sich wohlfühlen oder nicht. Andere argumentieren so, dass die Blumen ja gar nicht wissen, ob sie glücklich sind und uns das auch nicht mitteilen können. Wenn ihr euch nicht einigen könnt, müsst ihr weiter über dieses Problem nachdenken. Der Philosoph Sokrates* (470–399 v. Chr.) sagte, dass es beim Philosophieren vor allem darauf ankommt, über wichtige Lebensprobleme gemeinsam nachzudenken. Das Ergebnis ist dabei nicht so wichtig.
Wenn jemand intensiv nachdenkt, dann können schon mal Gedanken in den Himmel wachsen. Plötzlich werden Menschen zu Riesen und sind das ganze Leben lang immer nur glücklich. Philosophieren bedeutet auch, dass man manchmal mit seinen Gedanken von der Wirklichkeit abhebt und sich vorstellt, was wäre, wenn die Welt doch ganz anders wäre, als sie nun mal ist.

Unser Lehrbuch enthält Themen wie Sprache, Natur, Entstehung der Welt, Wahrheit und Lüge, Gerechtigkeit, Glück, Verantwortung oder auch die jüdische Religion*. Wenn ihr euch mit diesen Problemen beschäftigt, dann solltet ihr die Grundmethoden des Philosophierens aus dem 1. Kapitel immer wieder anwenden. Deswegen haben wir sie auch ausführlich beschrieben.

Am Ende unseres Buches gibt es auch eine Seite mit Adressen von Organisationen, die vor allem für das Kapitel „Verantwortung übernehmen" wichtig sind, und ein Glossar. Dort haben wir ethische Begriffe erklärt, die in unseren Texten vorkommen.
Im Glossar findet ihr auch weiterführende Informationen zu einigen Autorinnen und Autoren, über die wir auf den jeweiligen Doppelseiten nichts oder nur wenig berichtet haben.
Wir wünschen euch viel Spaß beim Philosophieren im Ethikunterricht.

Eure Autorinnen und Autoren

Fragen an die Welt

ETHIK

Klassen 5/6

Landesausgabe Sachsen

Herausgegeben von Barbara Brüning

MILITZKE

Inhaltsverzeichnis

Symbole:

- Fragen/Aufgaben
- Projekt
- Quellentext
- Spiel
- Gedankenexperiment
- Begriffsanalyse
- Sokratisches Gespräch
- Empathie und Perspektivwechsel
- Kreatives Schreiben

1. Ich habe so viele Fragen im Kopf

Sinnen-Rätsel

1. Habt ihr alle Sinne entdeckt?
2. Schreibt in euer Heft, was sie mit der Weltkugel zu tun haben, und sprecht anschließend in der Klasse darüber.

Die Welt entdecken

Blinde Kuh

1. Versucht mit geschlossenen Augen Dinge in eurer Umwelt zu erkennen, z. B. Schulstifte, Pflanzen oder Parfüm. Benutzt nacheinander eure Sinne, um herauszufinden, welche Eigenschaften die Dinge haben.
2. Schreibt eure Beobachtungen über einen ausgewählten Gegenstand in eine Tabelle in euer Heft und versucht anschließend den Gegenstand zu erraten.

Wir haben für euch als Beispiel einen Ball ausgewählt.

Tätigkeit	Eigenschaften
Tasten	glatt/rund
Riechen	nach Gummi
Schmecken	geschmacklos

Sinnen-Wörter

3. In unserem Spiegel haben sich Redewendungen versteckt. Setzt sie zusammen und schreibt sie in euer Heft. Sprecht anschließend in der Klasse darüber, was diese Redewendungen bedeuten.
4. Warum haben wir sie in einen Spiegel gezeichnet?

Was wir mit den Sinnen machen

„Jeder Mensch hat Sinne", sagte der Schweizer Philosoph Jean-Jacques Rousseau zu seinem Schüler Emile. Wie ihr bereits bei dem Spiel „Blinde Kuh" erfahren habt, gebrauchen wir unsere Sinne, um wahrzunehmen. Denn durch die Sinne empfangen wir Eindrücke von dem, was um uns herum passiert. Wir werden sozusagen einer Sache gewahr und erkennen, dass da etwas ist, das auf uns einwirkt. Der englische Philosoph John Locke hat dieses Gewahrwerden in zwei große Gruppen eingeteilt:

Wahrnehmung

äußere Wahrnehmung

das, was in deiner Umwelt passiert
- Gegenstände, z. B. ein Ball
- Menschen, z. B. deine Mitschüler/innen
- Naturerscheinungen, z. B. Regen
- ?

innere Wahrnehmung

das, was in dir selbst passiert
- Gefühle, z. B. Angst
- Erlebnisse, z. B. Herzklopfen
- ?

1. Nennt weitere Beispiele für eine äußere und innere Wahrnehmung.
2. „Jeder Mensch hat Sinne", sagte Rousseau. Könnt ihr diesen Satz in eurem Heft ergänzen? Jeder Mensch hat Sinne, um …
3. Der Philosoph Epikur schrieb, die Menschen sollten Lust haben, ihre Sinne zu gebrauchen. Was meint er damit?

Das Zwei-Minuten-Spiel

- Lehnt euch bequem zurück und schließt für einen kurzen Augenblick die Augen. Öffnet sie wieder und schreibt in zwei Minuten in euer Heft, was ihr im Klassenzimmer wahrnehmt.

1. Ordnet die Wahrnehmungen nach dem oben gezeichneten Schema (linke Seite), also Gegenstände, Menschen usw. Benutzt dafür Abkürzungen wie z. B. M für Mensch. Ihr habt dafür ebenfalls zwei Minuten Zeit.
2. Schließt noch einmal für einen Moment eure Augen. Öffnet sie langsam und schreibt in euer Heft, was ihr in euch selbst wahrgenommen habt (zwei Minuten).
3. Ordnet auch diese Wahrnehmungen nach dem oben gezeichneten Schema (rechte Seite) und benutzt auch hier Abkürzungen, wie z. B. G für Gefühl. Ihr habt dafür wiederum zwei Minuten Zeit. Vergleicht anschließend eure Ergebnisse.
4. Fällt euch noch eine vierte Runde ein?

Nicht(s) sehen und hören

Beobachtung

Zufällig
Einen Blinden beobachten:
Sein insektenartiges Tasten
über die Braille-Schrift hin.
Finger statt Augen:
Wie die Welt fassbar wird
und doch unsichtbar bleibt
und fand daran nichts
Neues und nur darum:
Es nennenswert.

(Günter Kunert, deutscher Schriftsteller)

1. Was ist damit gemeint, dass die Welt fassbar wird und doch unsichtbar bleibt?
2. Gibt es Sinnesorgane, die wichtiger als andere sind?
3. Diskutiert darüber, ob sich ein Sinnesorgan durch ein anderes ersetzen lässt, z. B. das Sehen durch das Hören.

Marco spielt mit seinen Händen

Seit seiner Geburt ist Marco gehörlos, d. h. er kann nicht hören und nur einige Laute sprechen. Bereits mit drei Jahren hat er jedoch begonnen, in einem Kindergarten bei Güstrow eine spezielle Sprache zu lernen: die Gebärdensprache. Marco benutzt seine Hände, um das auszudrücken, was andere Menschen mit dem Mund sagen. „Marco spricht eine ganz andere Sprache als wir", sagte neulich seine kleine Schwester. „Er malt z. B. das Wort Hase mit seinen Fingern in die Luft. Aber woher kennt er eigentlich das Wort Hase, wenn er es doch noch nie gehört hat?"

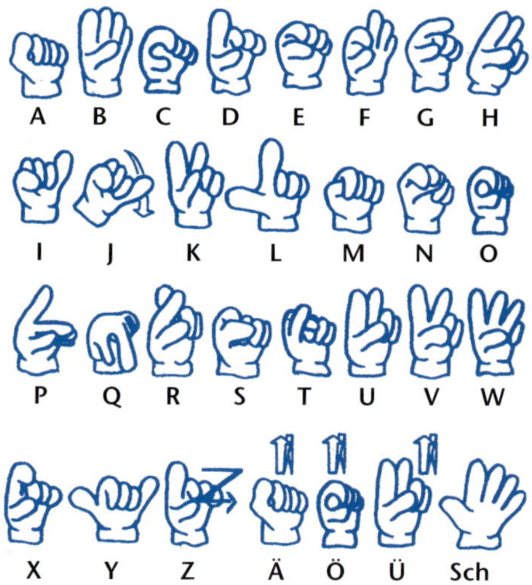

4. Könnt ihr Marcos kleiner Schwester weiterhelfen?
5. Was ist ein Gebärdendolmetscher? Schlagt in einem Lexikon nach und findet eine Erklärung.

- Erkundigt euch beim Dolmetscherdienst für Gehörlose Sachsen (08064 Zwickau, Ebersbrunner Str. 25, Tel.: 0375/77 04 40, Fax 0375/77 04 410) oder beim Bundeselternverband gehörloser Kinder e. V. (61440 Oberursel, Hans-Thoma-Str. 17, Tel.: 06171/33 74, Fax 06171/58 07 29), wie gehörlose Kinder lernen.

Eine Rechenmaschine für Hannah

Miss Robbin hatte während der ganzen Mahlzeit geschwiegen. Gerade als wir mit dem Nachtisch fertig waren, sagte sie: „Jetzt weiß ich, wie wir's machen."
Ich hörte, wie sie vom Tisch aufstand, und dann hörte ich die Küchentür zuschlagen. Nach einem Augenblick war sie zurück, und es prasselten und kullerten lauter Sachen auf den Tisch.
„Was haben Sie mit diesen Eicheln vor?", erkundigte sich Papa.
„Ach", erwiderte sie, „ich habe mir den Kopf zerbrochen, wie ich Hannah Rechnen beibringen kann. Würden Sie mir bitte Löcher in diese Eicheln drehen, Mr. Thomas? Und könnten Sie mir drei Stricknadeln leihen, Mrs. Thomas?"
Papa sagte zu Miss Robbin: „Sie haben ja komische Ideen." Aber er machte sich an die Arbeit und bohrte irgendwie Löcher.
Mama holte die Stricknadeln, und Johny und Verna und ich warteten gespannt, was Miss Robbin wohl vorhatte.
„Ich stecke jetzt diese Nadeln durch dieses dicke Stück Pappe, so dass sie von ganz allein senkrecht stehen. Dann bauen wir uns mit den Eicheln eine Rechenmaschine. Auf diese Art und Weise haben die Menschen schon vor zweitausend Jahren gerechnet. Die erste Stricknadel steht für die Einer, die zweite für die Zehner und die dritte für die Hunderter." Sie begann mir zu zeigen, wie ich zuzählen und abziehen konnte, indem ich Eicheln auf die drei Stricknadeln steckte oder wieder wegnahm ...

(Gloria Whelan, US-amerikanische Schriftstellerin)

Höhlenzeichnungen mit Punktreihen. Die Urmenschen haben vermutlich schon gerechnet.

1. Kann Hannah mit dieser Maschine rechnen?
2. Kann jemand, der nicht hören, sehen oder riechen kann, die Welt erkennen? Führt ein Streitgespräch darüber.
3. Bastelt anschließend eine Rechenmaschine für Hannah, verbindet euch die Augen und versucht, mit dieser Maschine zu rechnen.

Auf den Gesichtspunkt kommt es an!

Oben und unten

1. Betrachtet dieses Bild von allen Seiten. Ändert sich das, was ihr seht, wenn ihr das Bild herumdreht, weiter weg haltet oder aus der Nähe betrachtet? Was ändert sich? Schreibt eure Beobachtungen in euer Heft und findet einen Titel für das Bild.
2. Diskutiert anschließend über eure Beobachtungen und den Sinn des Bildes in der Klasse.

Begriffe, die Verhältnisse beschreiben

Es gibt Begriffe, mit denen sich Beziehungen zwischen Gegenständen ausdrücken lassen. Solche Begriffe sind:

größer als	höher als	breiter als	schneller als
kleiner als	niedriger als	schmaler als	langsamer als

3. Sucht weitere solcher Begriffe und schreibt sie in euer Heft. Versucht sie auf eure Sichtweise des Bildes anzuwenden. Seht ihr jetzt klarer?

Der rätselhafte Planet

„Hast du gewusst, dass gerade ein geheimnisvoller Planet entdeckt worden ist, auf dem einige Millionen intelligente Wesen wohnen, die auf zwei Beinen durch die Gegend laufen und ihren Planeten durch ein paar lebendige Linsen betrachten?“

Ich musste zugeben, dass mir das neu war.

„Dieser kleine Planet wird durch ein kompliziertes Netz von Bahnen zusammengehalten, auf denen diese cleveren Kerlchen pausenlos in bunten Wagen herumkutschieren.“

„Stimmt das wirklich?“

„Yes, Sir! Das rätselhafte Gewürm auf dem Planeten hat sogar riesige Gebäude mit über hundert Stockwerken errichtet. Und darunter – da haben sie lange Tunnel gegraben, in denen sie in elektrischen Apparaten herumsausen können, die sich auf Schienen bewegen.“

„Bist du ganz sicher?“, fragte ich.

„Ganz sicher, ja.“

„Aber ... warum hab ich dann noch nie von diesem Planeten gehört?“

„Nun ja“, sagte Vater. „Zum einen ist er erst vor sehr kurzer Zeit entdeckt worden. Und zum anderen fürchte ich, dass ihn außer mir noch niemand kennt.“

„Wo liegt er denn?“

(Jostein Gaarder, norwegischer Schriftsteller)

1. Um welchen Planeten könnte es sich handeln? Wo befindet sich eurer Meinung nach der Betrachter des Planeten? Belegt eure Meinung mit Textstellen.
2. Würdet ihr den Planeten von eurem Gesichtspunkt aus anders beschreiben? Wie?
3. Versetzt euch in die Lage eines kleinen Tieres und versucht aus seiner Sicht, diesen Planeten zu beschreiben. Verwendet dabei die Begriffe von Seite 12.
4. Stellt euch vor, ihr solltet eurem kleinen Bruder oder eurer Schwester erklären, warum Menschen unterschiedliche Sichtweisen haben, wie würdet ihr das machen? Versucht es in eurem Heft.

Das kleine Universum

Dieses Bild stammt von dem spanischen Künstler Joan Miró (1893–1983) und heißt „Kleines Universum" (1933).

1. Beschreibt, welche Figuren bei Joan Miró durch das Universum schweben. Ist die Gestalt ganz rechts ein Kind, eine Frau oder ein Engel?
2. Auf dem Bild herrscht die Farbe gelb vor. Habt ihr eine Idee, warum?
3. Miró nennt sein Bild „Kleines Universum". Welcher Unterschied besteht zwischen einem kleinen und einem großen Universum?
4. Malt selbst ein Universum und vergleicht die Bilder dann in der Klasse.
5. Stellt zwei Fragen an das Universum. Versucht, sie gegenseitig zu beantworten.

Von der Welt zum Universum

1. Der spanische Philosoph Fernando Savater* unterscheidet im folgenden Text zwischen Welt und Universum. Lest seine Gedanken und notiert euch Stichworte, was zur Welt und was zum Universum gehört. Der Text ist etwas schwierig, deshalb solltet ihr ihn zweimal lesen.

Zunächst hat die Idee der „Welt" verschiedene Ebenen, von der nächsten und scheinbar banalsten bis zur entrücktesten, kosmischen Ebene. Auf der untersten Stufe steht das, was jeder Einzelne von uns umgangssprachlich „meine Welt" nennt. „Meine Welt" besteht zum Beispiel aus der Familie, dem Freundeskreis, dem Arbeitsplatz und den Orten, wo ich meine Freizeit verbringe, den Ecken, die mir am vertrautesten sind oder die ich am meisten liebe, meinem Heim. Eine Stufe höher stoßen wir auf unser soziales und kulturelles Umfeld, auf jene, die so sind „wie ich" – auch wenn ich sie kaum oder überhaupt nicht kenne. Steigen wir höher, stoßen wir auf unser Land, die Nation, der wir angehören, die internationale Gemeinschaft, zu der unser Land gehört, die Menschheit, […] die Welt des Menschlichen.
Danach lassen wir bereits die affektive(1), soziale(2), spezifisch menschliche Welt hinter uns und treten auf die planetarische Ebene: Meine „Welt" ist die Erde, auf der wir geboren werden und sterben, der Blaue Planet der Meere und Wälder, auf dem wir uns mit unzähligen anderen Lebewesen und unbelebten Objekten befinden. Und jenseits davon stoßen wir auf unser Sonnensystem, in das bereits Entdecker oder menschliche Instrumente vorgedrungen sind, und die Milchstraße, zu der unser Sonnensystem gehört. Danach ufert die Welt ins Gigantische aus, ins Entfernte und Unbekannte, wird erfüllt von neuen Sternen, Galaxien, Sternnebeln, schwarzen Löchern, Materie und Antimaterie – bis sie aufhört, „Welt" zu sein und sich in das Universum verwandelt. Der Ort, an dem sich alle Orte befinden, der alles Seiende, über dessen Großteil wir nichts Sicheres wissen, umschließt.

(Fernando Savater, spanischer Philosoph)

(1) Gefühle betreffend
(2) die menschliche Gemeinschaft betreffend

1. Überlegt, welche Fragen die Welt und welche Fragen das Universum betreffen?
2. Ordnet sie in eurem Heft und schreibt noch je eine Frage dazu. Versucht dann, mit eurem Nachbarn oder eurer Nachbarin einige der Fragen zu beantworten.

Begriffe klären: Was heißt staunen?

Weil unsere Augen sie nicht sehn

Seht ihr den Mond dort stehen?
Er ist nur halb zu sehen
Und ist doch rund und schön.
So sind wohl manche Sachen,
die wir getrost belachen,
weil unsre Augen sie nicht sehn.
Mathias Claudius, deutscher Dichter

1. Welche Dinge, die ihr nicht sehen könnt, interessieren euch? Schreibt einige auf und sprecht dann in der Klasse darüber.

Das Staunen begann in Griechenland

Vor mehr als 2 500 Jahren, da war in Griechenland nichts mehr so, wie es immer war. Da gab es plötzlich Männer und Frauen, die nicht mehr im Hafen oder auf den Feldern arbeiteten, sondern Tag und Nacht in den Himmel guckten. Sie beobachteten den Mond und die Sterne und sahen schwarze Flecken auf der Sonne. Und dann begannen sie auch noch Fragen zu stellen: Woher kommt der Mond? Wer hat die Sonne angezündet? Warum leuchten die Sterne? Weil sie alles genau wissen wollten, schrieben sie das, was sie sahen, auf. Und nachdem sie es aufgeschrieben hatten, sprachen sie mit anderen Menschen darüber.
Viele Menschen sehen, hören und denken zusammen mehr als nur einer. Und plötzlich tauchten immer mehr Fragen auf nach Dingen, die Menschen nicht sehen. Diese Fragen waren noch schwieriger als die vorangegangenen. So wurde z. B. gefragt: Woraus besteht die Welt? Woher kommt sie? Wohin geht sie?

Die vielen Fragen warteten nun darauf, beantwortet zu werden. Und deshalb begaben sich die Männer und Frauen auf die Suche nach einer Antwort. Sie versuchten zu erklären, wie die Welt entstanden sein könnte und warum es auf ihr so viele Lebewesen gibt. Dabei entstanden immer neue Ideen und so ist das auch heute noch. Das Nachdenken über die Welt hört nicht auf. Es gibt immer noch viele Fragen, die darauf warten, beantwortet zu werden. Und die Männer und Frauen, die sich mit solchen wichtigen Fragen jeden Tag aufs Neue beschäftigen, werden Philosophinnen und Philosophen genannt. Das griechische Wort Philos heißt auf deutsch Liebe und Sophia heißt Weisheit. Philosophinnen und Philosophen lieben die Weisheit. Sie wollen alles genau wissen.

2. Erklärt mit eigenen Worten, wer ein Philosoph oder eine Philosophin ist.
Projektvorschlag: Sucht im Lexikon nach Philosophinnen und Philosophen und stellt ihre Lebensgeschichte in der Klasse vor. Verwendet als Literaturgrundlage u. a.: Barbara Brüning: Kleines Lexikon großer Philosophinnen und Philosophen, Militzke Verlag, Leipzig 2004.

Was heißt staunen?

Menschen staunen über viele Dinge auf der Welt, die sie um sich herum beobachten. Aber es gibt auch Dinge und Personen, die nicht wahrgenommen werden können. Dazu gehören Begriffe wie Glück* und Gerechtigkeit (siehe hierzu auch die Seite 28 f. zum Thema Begriffe in diesem Buch). Oftmals sagen wir, dass jemand glücklich oder unglücklich ist. Doch was ist überhaupt Glück? Darunter kann man vieles verstehen, wie ihr in dem Abschnitt „Glücklich sein“ lesen könnt. Deshalb ist es manchmal gut, über Begriffe wie glücklich oder gerecht nachzudenken, bevor man darüber diskutiert, ob jemand glücklich bzw. gerecht ist oder nicht. Philosophinnen und Philosophen machen das ständig.

Das Nachdenken über Begriffe kann viel Spaß machen. Und es ist auch nicht schwer. Ihr sucht zu einem Begriff, über den ihr nachdenken wollt, verschiedene **wichtige Wörter** oder **Ausdrücke** (mehrere Wörter, aber keine vollständigen Sätze). Diese sollten in irgendeiner Weise etwas mit dem Begriff zu tun haben. Sie bilden zusammen ein Begriffsnetz. Wir zeigen euch das jetzt an dem Begriff „staunen“. Fallen euch noch mehr Wörter zum Staunen ein?

1. Sucht euch jetzt selbst einen Begriff aus und entwerft dazu ein Begriffsnetz. Sprecht dann in der Klasse darüber, warum es gut ist, vor manchen Diskussionen Begriffsnetze zu entwerfen. Wendet diese Methode während des Ethikunterrichts hin und wieder an.

Gespräche führen: Die Welt ist anders als man denkt

Raffael, Philosophenschule von Athen (1509–1511)

Auf dem Marktplatz von Athen

Sokrates* war einer der bekanntesten Philosophen Griechenlands. Er lebte vor ungefähr 2 400 Jahren in Athen. Jeden Tag ging er dort auf den Marktplatz, der sich am Fuße der Akropolis* befand. Überreste davon sind auch heute noch in Athen zu sehen.
Sokrates redete auf dem Marktplatz mit Handwerkern, Jugendlichen und auch älteren Menschen. Er fragte sie beispielsweise, wann sie glücklich sind oder ob sie immer gerecht handeln. Und aus diesen Fragen entwickelte sich dann ein Gespräch. In diesen Gesprächen wurden Begriffe geklärt, so wie ihr das auf der vorherigen Seite schon kennen gelernt habt. Jeder wurde aufgefordert mitzudenken und seine Meinung zu sagen. Gemeinsam wollten die Gesprächspartner eine Antwort auf die Frage finden. Manchmal haben sie eine gefunden, manchmal aber auch nicht. Sokrates achtete allerdings immer darauf, dass seine Gesprächspartner ihre Meinung nicht bloß so daher sagten, sondern sie auch begründeten.

1. Warum achtete Sokrates darauf, dass die Gesprächspartner ihre Meinung begründen?
2. Lest hierzu auch das Gespräch über das Glück zwischen Sokrates und Lysis auf der Seite 162 in diesem Buch wie auch den Dialog über das Lügen auf der Seite 109.

Aspasia stellt Protagoras auf die Probe

Aspasia* und Protagoras* waren Freunde von Sokrates. Viele Geschichtsschreiber berichten sogar, dass Aspasia die Lehrerin von Sokrates gewesen sei. In ihrem Haus wurden beim Abendessen oft Gespräche über wichtige Lebensprobleme geführt.

„Ich habe mir Athen immer anders vorgestellt", sagte Aspasia zu ihrem Tischnachbarn Protagoras, der genüsslich wie eine Maus ein Stück Käse in den Mund steckte.
„Die Welt ist immer anders als man denkt", antwortete Protagoras und nahm einen kräftigen Schluck von dem köstlichen Rotwein.
„Woher weißt du denn, dass die Welt immer anders ist als man denkt?" Aspasia sah argwöhnisch wie ein Kater auf Protagoras, als sei er eine Maus und kein Mensch. Dieser wiederum hatte den Eindruck, sie wolle ihm gleich das Fell über die Ohren ziehen.
Deshalb griff er vorsichtshalber noch einmal nach dem Käse, man kann ja nie wissen …
„He Protagoras", ermahnte ihn Aspasia, „ich habe dich zu mir gebeten, damit du mir die Welt erklärst! Die Leute in Athen behaupten, dass du klüger bist als alle anderen auf der Welt."
„Soso", murmelte Protagoras etwas mürrisch, „woher wollen sie das denn wissen?"
Der kluge Mann versank mit seiner Nase in Aspasias Weinkrug, als wollte er sich verkriechen. „Auch wenn du die Frau des mächtigen Perikles bist, die Welt bleibt ein Rätsel. Daran kann auch ein Herrscher aus Athen nichts ändern!" Und ehe Aspasia sich versah, war der Krug vor ihrer Nase leer. Mauseleer!
„Warum ist die Welt anders …?" Aspasia stockte, weil Protagoras offenbar mit ihr Katz und Maus spielen wollte. Einer stellt Fragen, und der andere antwortet. Danach stellt der andere Fragen und der erste antwortet; irgendwie war das ein Katz- und Mausspiel.
„Vorhin war der Krug voll und jetzt ist er leer." Protagoras wischte sich den Bart ab. „Die Welt verändert sich, so schnell kannst du gar nicht denken. Du sagst Katze und raus kommt eine Maus."

„Das stimmt nicht", protestierte Aspasia. „Du sagst zur Katze Katze und zur Maus Maus. Das ändert sich nicht."
„Und du meinst, dass es keine Mauskatzen oder Katzenmäuse gibt?", fragte Protagoras hinterlistig.
Aspasia zog die Augenbrauen hoch und dachte eine Weile nach: „Es scheint so, als ob man manchmal anders denkt, als die Welt ist."
„Das musst du mir erklären!" Protagoras war ganz gespannt.
„Mauskatzen und Katzenmäuse", Aspasia lächelte, „die gibt es nicht wirklich, aber in deinen Gedanken."
„Da magst du Recht haben", murmelte Protagoras kleinlaut und starrte vor sich hin. Diese Aspasia war in der Tat eine kluge Frau. Kein Wunder, dass alle Männer in Athen Perikles beneideten. Der Herrscher hatte sie vom Fleck weg geheiratet, obwohl sie eine Fremde war, und Fremde galten nichts in Athen. Und wie sie einem die Gedanken aus dem Kopf ziehen konnte. Sie stellte einfach bohrende Fragen, auf die sie eine Antwort haben wollte. Und sie ließ nicht locker, bis sie eine hatte. Und selbst über die dachte sie dann noch weiter nach. Nie war sie zufrieden mit der Antwort. Sie stellte immer wieder Fragen, seltsam.
„Ist die Welt nun anders als man denkt? Oder denkt man sie anders als sie ist?" Protagoras schüttelte den Kopf. „Das Problem kann ich heute nicht lösen, Aspasia."

1. Überlegt, wie ihr Aspasia helfen könnt, das Problem zu lösen?

Gute Gründe finden: Können Blumen glücklich sein?

Das kleine Wörtchen „weil"

Wenn Menschen so wie Protagoras und Aspasia miteinander Gespräche führen (siehe Seite 19), dann darf jeder seine Meinung äußern: Die Welt bleibt ein Rätsel. Wichtig ist aber auch, dass die Gesprächspartner ihre Meinungen begründen: Die Welt bleibt ein Rätsel, weil wir nicht alle Fragen beantworten können.

Übung

Das Begründen lässt sich üben. Versucht es einmal. Schreibt die Begründungen in euer Heft.

- Du sollst nicht lügen, weil …
- Menschen sprechen, weil …
- Menschen brauchen Freunde, weil …
- Die Erde ist mein Planet, weil …
- Wir wollen keinen Müll auf die Straße werfen, weil …

1. Vergleicht eure Begründungen in der Klasse. Sucht nach weiteren Beispielen.

Das Schema einer Argumentation lautet:

2. Sucht weitere Gründe für das Glück der Blumen und schreibt sie in euer Heft.
3. Wenn ihr der Meinung seid, Blumen können nicht glücklich sein, dann sucht Gründe für die Gegenmeinung.

Gute Gründe im Alltag

Der Rauschgiftring

Bei dieser Geschichte müsst ihr etwas länger nachdenken.

Der Leiter des Rauschgiftdezernates studierte das Foto, das drei Männer an die Reling eines Schiffes gelehnt zeigte. „Was ist über die drei Typen bekannt?“, fragte er seinen Assistenten. „Nicht viel“, war die Antwort. „Einer von ihnen ist Däne, einer ist Deutscher und der dritte Schwede. Sie haben einen Rauschgiftring in Brüssel aufgezogen, sollen aber jetzt in London sein. Die einzige Information, die wir zu dem Foto bekommen haben, ist die, dass einer der Männer der Lieferant ist, einer der Dealer und einer der Kurier zwischen ihnen.“ „Wer ist welcher auf dem Foto?“ fragte der Chef. „Man hat uns mitgeteilt“, fuhr der Assistent fort, „dass der Däne links vom Schweden steht, dass der Kurier rechts von dem Lieferanten steht, dass der Dealer links von dem Deutschen und dass der Deutsche links von dem Schweden steht. Wobei, wenn es heißt, dass jemand links oder rechts von einem anderen steht, das nicht notwendigerweise bedeutet, dass er direkt neben ihm steht. Außerdem bezieht sich links oder rechts auf unsere Sicht als Betrachter und heißt nicht, dass jemand zur Linken eines anderen steht.“ „Viel ist es ja nicht“, sagte der Chef, „aber es reicht uns herauszubekommen, wer wer ist.“

1. Bekommt ihr es auch heraus? Begründet eure Lösung. Diskutiert anschließend in der Klasse darüber.

Der Traumvogel – eine Gedankenreise

Was wäre, wenn …

1. Formuliert weitere Fragen, die mit „Was wäre, wenn …“ beginnen. Sucht euch dann mit eurem Nachbarn oder eurer Nachbarin einige Fragen aus und gebt darauf eine Antwort.

Gedankenfäden spinnen

Philosophinnen und Philosophen führen nicht nur Gespräche über wichtige Lebensfragen wie Glück und Gerechtigkeit. Sie spielen auch in Gedanken verschiedene Möglichkeiten durch, z. B.: Wie würde die Welt aussehen, wenn alles ganz anders wäre, als es ist? Diese Gedankenreisen ermöglichen ihnen und natürlich auch dir, über viele Dinge nachzudenken und eigene Ideen zu entwickeln. Probiert es mit dem Traumvogel auf der nächsten Seite einmal aus.
Ihr findet in unserem Buch auch fiktive (erdachte) Gespräche zwischen Philosophinnen und Philosophen und ihren Schülerinnen und Schülern wie z. B. das Gespräch zwischen Aspasia und Protagoras auf der Seite 19. Sie sollen euch zeigen, wie Philosophinnen und Philosophen auf bestimmte Situationen heute reagieren könnten.

2. Lest hierzu auch die Seite 72 „Der Mensch lebt nicht vom Brot allein“ in diesem Buch.

Der Traumvogel

1. Wie stellt ihr euch euer künftiges Leben vor? Wohin würdet ihr gern mit dem Traumvogel fliegen? Was würdet ihr gern erleben wollen?
2. Schildert ein Erlebnis, das ihr in eurem künftigen Leben gern noch erleben wollt. Schreibt dazu ein Märchen mit dem Titel „Der Traumvogel" und lest euch anschließend eure Märchen vor.

2. Mit der Sprache* um die Welt

Fremdsprachen sind toll

Freundschaft*

amitié

дружба

friendship

amistad

arkadaşlik

amicizia

1. Aus welchen Sprachen stammen die fremden Wörter? Wenn ihr es nicht wisst, erratet es. Vielleicht sprechen ja einige eurer Mitschülerinnen und Mitschüler diese Sprachen und können euch helfen?
2. Schaut euch die Bild-Wörter an und denkt euch selbst welche aus. Schreibt sie in eurer Heft und vergleicht eure Ideen.
3. Überlegt, welcher Zusammenhang zwischen Bildern und Wörtern besteht.

Suaheli

Afrikaans

Deutsch

Schwedisch

Französisch

Englisch

Polnisch

Auf unserer Erde gibt es ungefähr 6 500 Sprachen. Zwischen vielen dieser Sprachen bestehen Gemeinsamkeiten, z. B. zwischen den Sprachen, die in Frankreich, Spanien und Italien gesprochen werden. Jede Sprache hat aber auch Besonderheiten: besondere Wörter oder einen besonderen Satzbau.

Einige Sprachen werden auf der Welt häufiger gesprochen als andere. So ist beispielsweise Englisch diejenige Sprache, die von vielen Kindern in unterschiedlichen Staaten der Welt als erste Fremdsprache in der Schule gelernt wird.

Türkisch

Niederländisch

Italienisch

Vietnamesisch

Sorbisch

Thailändisch

Russisch

Arabisch

Spanisch

1. Findet von den Wörtern aus anderen Sprachen auf Seite 24 diejenigen Wörter heraus, die sich ähnlich sind.
2. Sucht weitere Sprachen, die auf der Welt gesprochen werden. Schaut im Internet nach: www.ethnologue.com
3. Könnt ihr euch vorstellen, dass es irgendwann einmal eine Einheitssprache auf der Welt gibt? Welche Vor- und Nachteile hätte diese Einheitssprache? Begründet eure Meinung.

Was Sprache alles kann

trösten

bitten

nörgeln

flehen

erzählen

schreien

fluchen

flüstern

erklären

traurig machen

befehlen

1. Sucht weitere Tätigkeiten, die deutlich machen, wozu Menschen die Sprache brauchen.

Funktionen von Sprache

Informationen weitergeben

Der Philosoph Aristoteles lebte von 384–322 v. Chr. in Griechenland.

sich verständigen

Bitte komm heute um 18 Uhr zu mir. Dann können wir Musik hören.

2. Sucht Beispiele aus dem Alltagsleben für beide Funktionen der Sprache.

Die Wörter werden abgeschafft

Zur Verbesserung der Sprache haben drei Professoren vorgeschlagen, überhaupt alle Wörter abzuschaffen, was sowohl für die Gesundheit wie in Bezug auf die Kürze sehr vorteilhaft wäre. Denn es ist klar, dass jedes Wort, das wir aussprechen, unsere Lungen durch Reibung abnützt und dadurch unsere Lebensdauer herabsetzt. Es wäre doch viel praktischer, wenn jeder die Dinge, über die er sprechen will, mit sich herumtrage.

[...] Ich habe oft Gelehrte gesehen, die wie die Trödler fast unter der Last ihrer Säcke zusammenbrachen. Treffen sie sich auf der Straße, dann legen sie die Bündel ab, öffnen die Säcke und unterhalten sich oft eine Stunde lang. Dann packen sie alles wieder ein, helfen sich gegenseitig ihre Säcke aufladen und verabschieden sich. Für kurze Unterhaltungen aber kann man die nötigen Sachen in der Tasche oder unter dem Arm mitnehmen. Und zu Hause kann überhaupt niemand in Verlegenheit geraten. Die Zimmer, in denen sich die Anhänger dieser Methode treffen, sind mit allen möglichen Dingen vollgestellt. Die sind dann rasch zur Hand und liefern genügend Stoff für diese Art der Unterhaltung.

(Jonathan Swift, irischer Schriftsteller)

1. Wenn euch die Geschichte interessiert, dann lest Jonathan Swifts Buch „Gullivers Reisen".
2. Probiert den Vorschlag der drei Professoren selbst aus. Überlegt euch einen kurzen Text, den ihr euren Mitschülern „sagen" wollt. Bringt die dafür nötigen Gegenstände mit. Die Mitschüler notieren das, was sie „verstanden" haben, lesen es vor und vergleichen es.
3. Was haltet ihr nun von dieser Art der Verbesserung der Sprache? Was lässt sich auf diese Weise nicht mehr sagen?
4. Unsere Sprache vermag offensichtlich mehr, als nur auf Dinge zu zeigen. Was kann man mit der Sprache erreichen? Wozu ist sie nützlich? Findet Beispiele für eure Aussagen.
5. Könnt ihr euch vorstellen, ganz ohne Sprache auszukommen? Warum? Warum nicht?

Wozu brauchen wir Begriffe?

M. C. Escher, Flächenfüllung II, Lithographie 1957

1. Sucht so viele Gegenstände und Figuren wie möglich aus dem Bild heraus und benennt sie. Wie viele findet ihr?

Was ist ein Begriff?

Gegenstände können wir aufgrund bestimmter Eigenschaften beschreiben. Als Flugzeug begreifen wir beispielsweise alle fliegenden Fahrzeuge, die während des Fluges durch den aerodynamischen Auftrieb von Flügeln getragen werden. Gedanklich erkennen wir in den einzelnen Gegenständen dieselbe Eigenschaft. Diese gedankliche Vorstellung nennen wir einen Begriff. Einen Begriff können wir erläutern, indem wir Gegenstände aufzählen, die unter diesen Begriff fallen, oder indem wir die spezifische Eigenschaft beschreiben, mit der wir den entsprechenden Begriff fassen.

2. Wählt fünf Begriffe zu dem Bild von Escher aus und versucht, sie durch fünf wesentliche Eigenschaften zu beschreiben. Findet für jeden Begriff auch typische Beispiele.
3. Vergleicht eure Ergebnisse und diskutiert darüber, ob ihr wirklich die wesentlichen Eigenschaften und typischen Beispiele gefunden habt.

Begriff kommt von Begreifen

1. Denkt noch einmal an das Spiel „Blinde Kuh" auf der Seite 8 in diesem Buch, bevor ihr den folgenden Text des jungen deutschen Philosophen Roland Simon-Schäfer lest.

Woher kommt das Wort „Begriff"? Begriff kommt doch von Greifen, bezeichnet eine Tätigkeit, die wir mit den Händen ausführen. Aber wir meinen mit Begriff die gedankliche und sprachliche Erfassung eines Dinges, also eine richtige Benennung.
Die Erklärung hierfür ist einfach: Schon bevor die Menschen sprechen können, nehmen sie die Dinge der Wirklichkeit wahr. Die Babys wollen alles anfassen und in den Mund nehmen. Das ist ihre Weise, die allerersten Erfahrungen zu machen. Was kann man über einen Gegenstand alles erfahren, wenn man ihn anfasst? Man kann seine Größe bestimmen, sein Gewicht, die Beschaffenheit seiner Oberfläche – rau, glatt, weich, hart, kalt, warm usw. –, man kann die Festigkeit testen, seine Biegsamkeit, die Beschaffenheit seiner Einzelteile.
Wir können uns also tatsächlich einen Begriff von einem Gegenstand machen, indem wir ihn mit unseren Händen begreifen. Wenn wir über eine ausgebildete Sprache verfügen, dann können wir einem anderen Menschen unsere Erfahrungen mitteilen, wir können ihm sagen, wie der Gegenstand beschaffen ist, und der andere muss den Gegenstand nicht mehr unbedingt selbst in die Hand nehmen, um sich einen Begriff davon zu machen.
Das sprachliche Beschreiben eines Dinges kann das körperliche Begreifen mit den Händen ersetzen. Durch die Möglichkeit, mit der Sprache Dinge zu begreifen, können wir uns von den Dingen entfernen, wir können über Dinge sprechen, die im Augenblick nicht zur Hand sind. Wir werden durch die Sprache unabhängiger von der einzelnen Situation, über die wir sprechen …

2. Erklärt mit eigenen Worten, was Begriff und begreifen miteinander zu tun haben.
3. Wie lernt ein Baby die Sprache? Tauscht über eigene Erlebnisse und Beobachtungen mit jüngeren Geschwistern Erfahrungen aus.
4. Lest noch einmal die Geschichte „Die Wörter werden abgeschafft" auf der Seite 27 in diesem Buch und überlegt, ob euch der Text von Roland Simon-Schäfer neue Argumente über die Rolle der Sprache geliefert hat.

Sprechen Tiere auch?

Tiere machen ganz andere Dinge

Rebecca: Tiere können eine Menge Dinge machen, die Menschen nicht machen können. Fische können z. B. ganz lange ihren Atem anhalten, und sie müssen auch nicht aus dem Wasser kommen, um Luft zu holen. Sie können solange sie wollen unter Wasser bleiben. Hunde können gut riechen, und Elefanten wissen alles, was um sie herum passiert ist, und sie behalten es ganz, ganz lange. Tja, und Vögel können fliegen, sie müssen sich nicht erst Flugzeuge bauen.
Mutter: Das stimmt natürlich. Ich wollte eigentlich auch nur sagen, dass Menschen ganz andere Dinge machen als Tiere, und deshalb finde ich sie klüger.
Rebecca: Was meinst du denn mit „ganz andere Dinge machen"?
Mutter: Also, ich meine das so; wir machen ja ...
Rebecca: Wer ist denn „wir"?
Mutter: Ich meine mit „wir" die Menschen. Die Menschen haben sich in verschiedenen Gruppen zusammengetan. Sie entscheiden, welche Dinge wichtig für sie sind. Einige Gruppen machen mehr als andere oder einfach bessere Sachen. Dann sagen wir, dass sie klüger als andere sind.
Rebecca: Aber das ist ja ungerecht. Wir nehmen uns einfach heraus, was wir interessant finden, und dann sagen wir, das ist klug. Aber wir können ja auch sagen, dass es das Klügste ist, ohne Luft zu holen unter Wasser zu bleiben. Dann wäre ein Fisch klüger als wir.
Mutter: Du hast schon recht, Rebecca. Aber wir können ja die Hunde und Elefanten nicht fragen, wie sie darüber denken. Sie können sich nicht mit uns unterhalten. Ich weiß allerdings auch nicht ganz genau, welches die wichtigsten Dinge sind.
Rebecca: Vielleicht könnte man sagen, dass wir besser als die Tiere sind, weil wir mehr Dinge machen können als sie.
Mutter: Ja, das könnte man sagen. Wir müssten aber noch genauer sagen, welche Dinge das sind. Vögel können fliegen, die Menschen können das nicht. Fische leben, ohne Luft zu holen, unter Wasser; Menschen können das nicht.
Rebecca: Aber was können sie denn, was sie so wichtig macht?
Mutter: Nun ja, ich habe ja vorhin schon gesagt, dass sie lesen und schreiben können und zur Schule gehen ...
Rebecca: Was denn, zur Schule gehen ist wichtig?
Mutter: Wir gehen in die Schule und reden darüber, und wir versuchen herauszufinden, was wichtig für uns ist. Ich meine, dass dies ein großer Unterschied gegenüber den Tieren ist. Die können nicht darüber reden, was wichtig für sie ist.

(Ronald Reed, amerikanischer Philosoph)

1. Wer überzeugt euch mehr in diesem Gespräch: Rebecca oder ihre Mutter? Begründet eure Meinung. Findet weitere Unterschiede zwischen Mensch und Tier.

Die Sprache der Tiere

Rebeccas Mutter meint, dass Tiere nicht darüber sprechen könnten, was für sie wichtig im Leben ist. Dennoch sprechen Tiere auch.

Schwäne fauchen

Pferde wiehern

Hunde bellen

Katzen miauen

1. Sucht weitere Beispiele für die Tiersprache und schreibt sie in euer Heft.
2. Wozu benutzen Tiere die Sprache?
3. Welcher Unterschied besteht zwischen der Sprache der Menschen und der Sprache der Tiere? Führt dazu ein Streitgespräch in der Klasse!
4. Menschen und Tiere sprechen verschiedene Sprachen. Können sie sich dennoch verstehen? Begründet eure Meinung. Lest hierzu auch „Haben Tiere eine Seele?“, S. 62 in diesem Buch.

Wenn Wörter verletzen …

Du bist eine Flasche!

Julian wischte sich die Schweißtropfen von der Stirn und ließ sich erschöpft auf sein Bett fallen. Sein Herz pochte bis in die Hosentasche hinein, so schnell war er gelaufen. Ganz außer Atem blickte er die Wand an, von der die Spice Girls lachten. Warum war er eigentlich weggelaufen?

Gabi, Thomas und die anderen waren doch seine Clique, mit der er durch dick und dünn ging. Gemeinsam hörten sie CDs, gingen ins Kino oder hingen einfach nur so rum. Und nun wollten sie ihn, Julian, nicht mehr haben. „Eine Flasche bist du!“, hatte Gabi gerufen und ihn ausgelacht. Und das alles nur, weil er keine Zigarette rauchen wollte. So etwas schmeckt ihm einfach nicht, und warum sollte er dann mitrauchen? Davon kriegt man nur Hustenanfälle, und Geld kostet dieses Zeug auch noch. Julian dachte angestrengt nach. Er lag auf seinem Bett und hatte Angst, plötzlich keine Clique mehr zu haben. Wozu brauchst du die denn, hörte er seine Mutter sagen, du hast doch uns.

1. Kennt ihr solche Situationen auch, wie Julian sie erlebt hat? Sprecht darüber in der Klasse.
2. Warum verletzen Sätze wie „Du bist eine Flasche!“ andere Menschen?
3. Wie sollte Julian gegenüber seiner Clique reagieren? Erarbeitet in kleinen Gruppen Vorschläge.

Der Müllwort-Sack

Eine Klasse aus Grimma hat einen Müllwort-Sack im Klassenraum aufgestellt. Jeder, der zu einem anderen Schüler oder einer anderen Schülerin ein Schimpfwort sagt, muss einen Zettel mit seinem Namen hineinwerfen.

Wenn dann in der Klasse eine besondere Aufgabe erledigt werden soll wie z. B. die Tafel abwischen oder die Stühle hochstellen, dann wird ein Name gezogen. Der- oder diejenige muss dann diese Aufgabe erledigen.

4. Was haltet ihr von dieser Idee? Begründet eure Meinung!
5. Welche anderen Ideen habt ihr, um Schimpfwörter aus eurem Umgang in der Klasse zu verbannen? Erarbeitet in kleinen Gruppen Vorschläge. Sprecht anschließend in der Klasse darüber!

Was Menschen nicht machen sollten

Schimpfwörter sagen

beleidigen

brüllen

auslachen

hänseln

herummotzen

anmachen

1. Warum sollte dieser Umgang mit Sprache vermieden werden?
2. Wie könnt ihr eure Wut oder euren Ärger auf andere Weise ausdrücken? Spielt kleine Szenen dazu.

Pro-und-Kontra-Diskussion

Bildet kleine Gruppen. Sucht euch eines der folgenden Themen aus. Sammelt vor eurer Diskussion Argumente, die dafür sprechen, und Argumente, die dagegen sprechen. Tretet danach mit euren verschiedenen Argumenten in eine Diskussion ein.

1. Wörter können manchmal mehr verletzen als Fäuste.
2. Schweigen kann auch verletzen.
3. Der Ton macht die Musik.

3. Wertet euer Gespräch anschließend aus. Habt ihr euch geeinigt? Warum? Warum nicht? Lest hierzu auch noch einmal die Seite 18 zum Thema „Gespräche führen" in diesem Buch.

Sibel und Nina lernen Deutsch

Ninas Vorschlag

Sibel kommt neu in die Klasse 7b in Chemnitz. Sie wurde in Istanbul in der Türkei geboren. Ihre Eltern betreiben jetzt ein kleines Gemüsegeschäft in Sachsen, wo die Chemnitzer gern Oliven und Feta (Schafskäse) kaufen.

Als Sibel die Klasse betritt, schaut sie sich flüchtig um und setzt sich dann auf den Platz, den die Lehrerin Frau Schmidt ihr anbietet. „Stellst du dich kurz vor?“, sagt sie freundlich und gibt Sibel ein Kärtchen, damit sie ihren Namen darauf schreiben kann.

„Ich bin Sibel und komme aus Türkei.“

„Aus der Türkei“, korrigiert Martina, und einige in der Klasse lachen.

„Warum lacht ihr?“, fragt Nina verwundert. „Als ich aus Alma Ata zu euch gekommen bin, da konnte ich auch noch nicht richtig Deutsch. Aber ihr habt es mir beigebracht. Und das werden wir auch mit Sibel machen.“

1. Wie können die Schülerinnen und Schüler der 7b Sibel helfen, besser Deutsch zu lernen? Denkt noch einmal an die Sprachbilder auf der Seite 24 des Buches.
2. Was würdet ihr Kindern sagen, die lachen, wenn jemand nicht so gut Deutsch spricht?
3. Man kann sich auch durch Körpersprache verstehen. Wie ist das gemeint?
4. Stellt die Geschichte von Sibel nur durch Körpersprache dar. Was fällt euch auf?

Fremde Sprachen sind ein Gewinn

Sibel und Nina lernen Deutsch, Sarah und Marc lernen Englisch. Und was haben sie davon?

1. Sucht nach weiteren Vorteilen von Fremdsprachen.

Gedankenexperiment

Stellt euch vor, ihr kommt in ein Land und versteht die Sprache nicht. Ihr möchtet wissen, wo euer Hotel ist. Wie macht ihr das? Unterbreitet Vorschläge.

3. Wie die Welt entstanden sein könnte

Wer hat die Welt geschaffen?

Der Schöpfungsmythos der Germanen

Einst war das Weltalter, in dem der Frostriese Ymir lebte. Das war am Anfang und es gab nicht Sand, nicht See, nicht salzige Wellen, nicht Erde und nicht Himmel, nur gähnenden Abgrund und nirgends Gras. Das war der kosmische* Ur-Raum vor der Erschaffung der Welt.
In seinem Norden herrschte Kälte und Sturm, in seinem Süden war es mild. Und da, wo das Feuer auf das Eis traf, bildeten sich Tropfen, die durch die Kraft der Hitze Leben erhielten. Und es entstand erstes Leben: der Frostriese Ymir. [...] Als das Eis weiter taute und schmolz, entstand die Kuh Audumla. Ihre Milch nährte Ymir, sie selbst nährte sich vom salzigen Eis. Und da, wo sie drei Tage leckte, erschien Buri – schön, groß und stark. Buri hatte einen Sohn Bör, der wiederum drei Söhne hatte: Odin und seine Brüder. Diese waren die ersten Götter, denn sie töteten Ymir, warfen ihn in die Mitte des kosmischen Ur-Raumes und bildeten aus ihm die Welt: aus seinem Fleische die Erde; aus seinen Knochen die Berge; und die Sterne aus seinen Zähnen, Kinnbacken und zerbrochenem Gebein. [...] Der Blutstrom war so unermesslich, also machten sie daraus das Weltmeer, festigten die Erde darin und legten es im Kreis um sie her [...] Die Söhne des Bör nahmen Feuerfunken aus dem milden Süden und setzten sie an den Himmel, um Himmel und Erde zu erhellen, und legten einem jeden seinen bestimmten Gang fest, wonach Tage und Jahre berechnet werden. Der Nacht und dem Neumond gaben sie Namen, benannten Morgen, Mittag und Abend und ordneten die Zeiten.
Nun war die Erde geschaffen: kreisrund, rings umgeben vom tiefen Weltmeer.

Odin, höchster Himmelsgott, Wettergott, oberster Kriegsgott. Seine Raben Hugin und Munin berichten ihm, was in der Welt geschieht.

Die Germanen stellen sich die Welt als riesigen Baum, als Weltesche Yggdrasil vor

1. Schildert anhand der Abbildungen und des Textes, wie sich die Germanen vor vielen Tausend Jahren die Welt vorgestellt haben. Vergleicht ihre Ideen über die Entstehung der Welt mit denen der australischen Ureinwohner auf Seite 37.
2. Habt ihr eine Idee, warum sich die Germanen die Welt als riesigen Baum vorstellten? Sprecht darüber in der Klasse.

Die Geburt der Welt

Einen sehr alten Mythos von der Entstehung der Welt (40 000 v. Chr.) erzählen die Aborigines*, die Ureinwohner Australiens, mit der Geschichte von der heiligen Traumzeit.
In dem Roman „Traumfänger" von Marlo Morgan wird dieser Schöpfungsmythos einer jungen Amerikanerin erzählt, die monatelang den australischen Ureinwohnerstamm „Wahre Menschen" begleitet hat und dabei ganz neuen Lebensumständen ausgesetzt war.

Aborigine

Das Gesicht des Friedensstifters war zerfurcht wie die Landschaft, durch die wir gewandert waren. Er erzählte mir, dass zu Anbeginn der Zeit, in der Epoche, die wir die Traumzeit nannten, die ganze Erde eins war. Die göttliche Einheit schuf das Licht, und der erste Sonnenaufgang durchbrach die ewige Finsternis. In die Leere des Himmels wurden viele sich drehende Scheiben gesetzt. Unser Planet war eine von ihnen. Er war flach und wies keine besonderen Merkmale auf. Es gab keinerlei Anzeichen für irgendeine schützende Hülle, seine Oberfläche war völlig nackt. Es herrschte absolutes Schweigen. Keine einzige Blume neigte sich im Lufthauch, es gab noch nicht einmal so etwas wie eine Brise. Kein Vogel, kein Geräusch durchdrang die klanglose Leere. Dann schenkte die göttliche Einheit jeder einzelnen Scheibe Wissen, aber ganz unterschiedlicher Art. Aus dem Bewusstsein entstanden Wasser, Luft und Land. Alle Lebensformen, wie wir sie heute kennen, wurden geboren.[...]
In vielen Sagen unseres Stammes kommt die Regenbogenschlange vor, sie symbolisiert die verschlungene Linie der Energie oder des Bewusstseins. Sie beginnt in völliger Stille, dann verändern sich ihre Schwingungen, und sie wird zu Geräusch, Farbe und Form. [...]
Den Menschen wurde ein freier Wille und dieser Planet gegeben, damit sie lernen können, mit ihren Gefühlen zu leben, denn es sind die Gefühle, die erwachen, wenn die Seele sich in die menschliche Hülle begibt.

1. Zeichnet ein Fantasiebild zum Schöpfungsmythos der Ureinwohner Australiens.
2. Informiert euch in Zusammenarbeit mit dem Fach Geografie über das Leben der Aborigines in der heutigen Zeit.
3. Den Menschen wurde nach dem Bericht des Friedensstifters ein freier Wille gegeben. Was stellt ihr euch darunter vor?

Ägyptische und griechische Götter

Der Sonnengott Re-Atum tauchte auf der Spitze eines Hügels aus dem Ozean Nun auf

Nachdem der Kosmos entstanden ist, töpfert Chnum die Menschen auf seiner Scheibe. Bei der Schöpfung der künftigen Pharaonen gibt er sich besondere Mühe*

1. Beschreibt, wie sich die Ägypter den Schöpfer der Welt vorstellen. Beachtet dabei seine Körperhaltungen und die verschiedenen Gegenstände auf den Abbildungen.
2. Warum sind die Menschen auf dem zweiten Bild so klein?

Der Allerzeuger-Mythos* aus Ägypten (ca. 3000 Jahre v. Chr.)

Am Anfang aller Zeiten existierte allein der dunkle, endlose Ozean von Nun. Dieses Urgewässer enthielt alle Elemente des Lebens, aber sie waren ohne Sinn. Da trat der „Allerzeuger“ und „Einherr“ Re-Atum ins Dasein. Mit seinem Atem schuf er Schu, die Luft, und mit seinem Speichel Tefnut, die Feuchtigkeit. Er schickte beide über das Meer und ließ die Wasser von Nun zurückweichen, so dass eine Insel entstand, auf der er stehen konnte. In seinem Herzen legte er fest, wie alle Dinge sein sollten, und rief Pflanzen und Tiere ins Leben, indem er ihre Namen aussprach. Schu und Tefnut hatten zwei Kinder: Geb, die Erde, und Nut, den Himmel. Nut lag auf Geb, und Himmel und Erde vermählten sich. Doch der eifersüchtige Schu drängte sie auseinander, indem er Nut emporhob und Geb mit seinen Füßen „festnagelte“. Die Kinder von Nut und Geb waren die Sterne.

(Nach Neil Philip, englischer Schriftsteller)

3. Vergleicht den ägyptischen Mythos mit dem der australischen Aborigines. Welche Gemeinsamkeiten und Unterschiede stellt ihr fest?

Prometheus

Herakles befreit Prometheus, Zeichnung, etwa 610 v. Chr.

Mythos vom Prometheus*

Zu einer Zeit, als es schon Götter, aber noch keine sterblichen Wesen gab, war die Zeit gekommen, um sie aus einem Gemisch von Erde und Feuer zu formen. Nach getaner Arbeit erhielten die Halbgötter Epimetheus und Prometheus von den Göttern die Aufgabe übertragen, alle Wesen mit den notwendigen Fähigkeiten auszustatten. Aber Epimetheus wollte die Zuteilung lieber ganz allein vornehmen und Prometheus willigte schließlich ein. So kam es, dass Epimetheus den großen Vorrat an Fähigkeiten ausgleichend weitergab. Die einen Wesen bekamen Schnelligkeit, andere wiederum Stärke, jedoch ohne Schnelligkeit. Kleinere Wesen stattete er mit Flügeln aus, damit sie fliehen können, wobei sich die größeren allein durch ihre Gestalt das Leben sichern. Er dachte auch an einen Schutz gegen die Jahreszeiten. So umkleidete Epimetheus die Wesen mit dichtem Haar und fester Haut, gab ihnen Klauen oder Hufe. Ferner verschaffte er jedem seine ganz besondere Nahrung: Gras, Früchte oder Wurzeln, aber auch Fleisch anderer Tiere. Diesen verlieh er jedoch nur ein geringe Nachkommenschaft, ihren Opfern hingegen zur Arterhaltung eine sehr zahlreiche.
Obwohl sich Epimetheus Mühe gab, war er nicht sehr gescheit, so dass er schon alle Fähigkeiten verbraucht hatte, als das Geschlecht der Menschen an die Reihe kam. Prometheus traf genau in diesem Moment auf Epimetheus, um die Verteilung zu kontrollieren. Er sah sofort, dass alle vernunftlosen Wesen angemessen ausgestattet waren, jedoch der Mensch nackt, ohne Schuhe, Decken und ohne Waffen geblieben war. Was konnte man tun, um den Menschen zu retten und zu erhalten? In seiner Verlegenheit stahl er den Göttern das Feuer und das Handwerk. Beides schenkte Prometheus den Menschen. Von da an besaßen die Menschen die nötigen Hilfsmittel zum Leben. Sie erfanden den Bau der Wohnungen, stellten Kleider, Schuhe und Decken her und gründeten Städte. Zeus jedoch sah zu dieser Zeit die Notwendigkeit, den Menschen noch ein drittes Geschenk zu machen, damit das Geschlecht nicht zugrunde geht. Für ein friedliches Zusammenleben überbrachte Hermes, der Götterbote, ihnen das Recht und die sittliche Scheu.
Prometheus wurde für den Diebstahl von Zeus hart bestraft.

(Nach Platon)*

1. Informiert euch ausführlich über den Prometheus-Mythos. Welche Strafe hatte sich Zeus für Prometheus ausgedacht?
2. Warum hat Prometheus den Menschen geholfen?
3. Erklärt anhand von Beispielen, warum das Feuer für die Entwicklung der Menschen wichtig war.

Die Schöpfungsgeschichte der Bibel

Im Alten Testament der Bibel findet ihr die Geschichte von der Schöpfung der Welt, des Menschen und anderer Lebewesen. Sie wird sowohl von Juden als auch von Christen geteilt.

Holzschnitt aus der Luther-Bibel von 1534

1. Was verrät euch das Bild über den Schöpfungsgedanken der Bibel? Beschreibt es von oben nach unten.

Aus der Bibel nacherzählt

Hör, wie am Anfang Gott Himmel und Erde erschuf. Vorher gab es nichts außer Gott. Zuerst war die Erde wüst und leer, Dunkelheit lag auf ihr, und Gottes Geist schwebte über den Wassern. Gott sprach: „Es werde Licht." Und es wurde Licht. Gott schied den Tag von der Nacht. Das war der erste Tag, und Gott sah, dass es gut war.
Am zweiten Tag trennte Gott den Himmel von der Erde und das Wasser vom Land und befahl der Erde, dass sie alle Pflanzen wachsen lassen solle. Gott sah, dass es gut war.
Dann machte Gott die beiden Lichter, das größere für den Tag und das kleinere für die Nacht. Und er sah, dass es gut war. Das war der vierte Tag. Am fünften Tag sagte Gott: „Das Wasser wimmle von lebendigen Wesen, und Vögel sollen über dem Land am Himmelsgewölbe dahinfliegen." Und Gott sah, dass es gut war.
Am sechsten Tag sagte Gott: „Das Land bringe alle Arten von lebendigen Wesen hervor", und er sah, dass es gut war. Dann sagte Gott: „Lasst uns den Menschen machen als unser Abbild nach unserer Gestalt." Gott schuf also den Menschen als sein Abbild. Als Mann und Weib schuf er sie und gab ihnen die Herrschaft über alles Lebendige.
Gott sah, dass alles, was er gemacht hatte, sehr gut war.
Am siebten Tag ruhte Gott.
Der erste Mensch, Adam, wurde von Gott aus Erde geformt, und Gott hauchte ihm seinen Atem ein. Adam gab allen Tieren einen Namen, aber er hatte keinen Gefährten von seiner Art. Gott versenkte ihn in einen tiefen Schlaf, nahm eine Rippe Adams und schuf daraus die Frau – Eva. Sie durften im Garten Eden leben, und Gott sagte ihnen, dass sie von allem essen durften, was sie wollten, nur nicht von den Früchten des Baumes der Erkenntnis von Gut und Böse.
Doch das schlauste Tier, das Gott gemacht hatte, die Schlange, verführte Eva, von der verbotenen Frucht zu essen. Adam und Eva aßen davon, und plötzlich erkannten sie, dass sie nackt waren. Sie bedeckten sich mit Feigenblättern und versteckten sich vor Gott. Doch Gott wusste von ihrer Sünde. Er verfluchte die Schlange und Adam und Eva und vertrieb sie aus dem Paradies. Gott sagte Adam, dass er von nun an in Mühsal und im Schweiße seines Angesichts die Erde bearbeiten müsse, aus der er gemacht worden sei. Dann versperrte Gott den Eingang zum Garten Eden mit einem lodernden Flammenschwert.

(Esther Bisset, englische Schriftstellerin/Martin Palmer, englischer Schriftsteller)

Die Arche Noah landet als Kundschafter auf der wieder trocken gewordenen Erde. (G. Doré, 1880)

1. Begebt euch auf die Spuren des Alten Testaments und informiert euch über die Sintflut. Warum hat nach Ansicht der Christen Gott die Erde, die er geschaffen hat, zerstört und wieder errichtet?

1. Bildet kleine Gruppe und vergleicht die vier Mythen, die ihr bisher kennen gelernt habt, nach folgenden Merkmalen:
   - Wer ist der Schöpfer? Welches Verhältnis hat er zu den Menschen?
   - Was wird über die Natur ausgesagt?
   - Wo liegt der Ursprung von Gut und Böse?
2. Vergleicht eure Antworten, sammelt weitere Mythen und gestaltet dazu eine Wandzeitung.

Der Streit zwischen Sonne und Erde

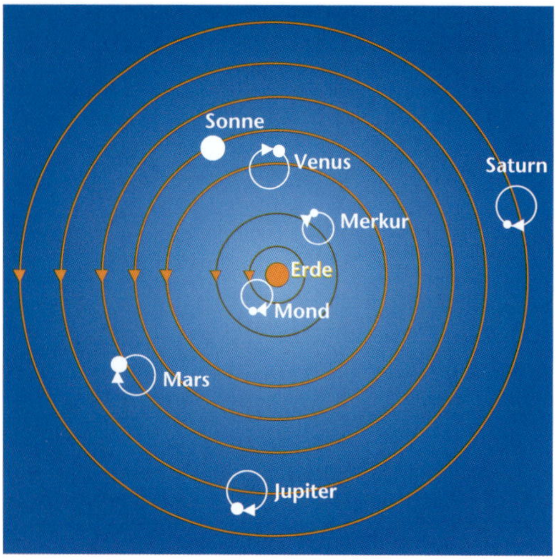

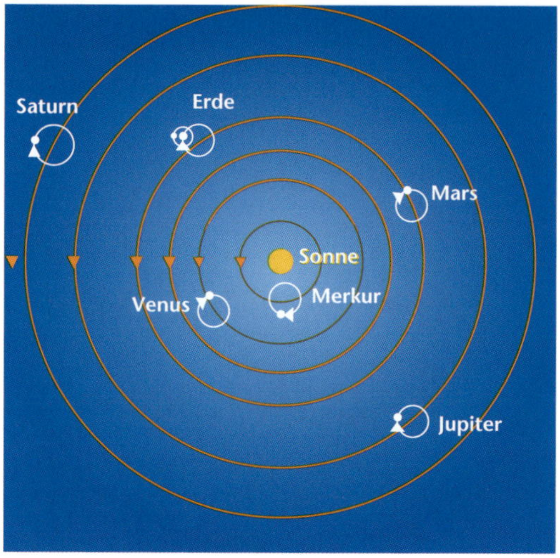

Geozentrisches Weltbild;

-> begründet von *Ptolemäus* (83–161 n. Chr.), ägyptischer Astronom und Philosoph
-> *geos* ist die Erde;
-> *zentrisch* heißt im Mittelpunkt liegend

Heliozentrisches Weltbild;

-> begründet von *Kopernikus* (1473–1543), Astronom und Philosoph aus Torun (Polen)
-> *helios* bedeutet Sonne

1. Beschreibt anhand der Bilder, von welcher Ordnung im Weltall die Ägypter und Griechen ausgingen und welches Weltbild Kopernikus dagegenstellte.

Wenn sich Ptolemäus und Kopernikus streiten

Kopernikus: Und du meinst wirklich, Ptolemäus, dass die Erde der Mittelpunkt des Weltalls ist?
Ptolemäus: Ganz sicher, Kopernikus, die Sonne und die Sterne bewegen sich um die Erde.
Kopernikus: Wie kommst du darauf, Ptolemäus? Ich habe durch mein Fernrohr entdeckt, dass sich die Planeten um die Sonne bewegen.
Ptolemäus: Das kann nicht sein. Dafür gibt es keine einleuchtende Erklärung.
Kopernikus: Wieso nicht? Du kannst doch die Umlaufbahnen berechnen.
Ptolemäus: Deine Rechnung ist falsch. Und weißt du, warum?
Kopernikus: Nein, Ptolemäus, erkläre es mir.
Ptolemäus: Also: Wenn sich die Erde um die Sonne drehen würde, dann gäbe es so etwas wie Fahrtwind oder Sturm, der ständig alles auf der Erdoberfläche durcheinanderwirbeln würde. Dann entstünden gewaltige Kräfte, so dass alle Gegenstände zerbrechen und alle Ozeane auslaufen müssten.
Kopernikus: Aber, Ptolemäus, dass kann man doch ganz genau sagen, warum die Gegenstände nicht zerbrechen und die Ozeane nicht auslaufen, weil …

2. Schreibt eine Begründung auf.

Die Erde ist rund

Ein Mann, der weiter nichts zu tun hatte, nicht mehr verheiratet war, keine Kinder mehr hatte und keine Arbeit mehr, verbrachte seine Zeit damit, dass er sich alles, was er wusste, noch einmal überlegte …
Er wusste, dass der Mond um die Erde kreist und dass der Mond ein Gesicht hat, dass das nicht Augen und Nase sind, sondern Krater und Berge … Er wusste: In der Sahara gibt es Sand. Er war zwar noch nie da, aber er hatte gelesen darüber, und er wusste auch, dass Kolumbus Amerika entdeckt hat, weil er daran glaubte, dass die Erde rund ist.
Die Erde ist rund, das wusste er.
Seit man das weiß, ist sie eine Kugel, und wenn man immer geradeaus geht, kommt man wieder zurück an den Ort, von dem man ausgegangen ist.
Nur sieht man nicht, dass sie rund ist, und deshalb wollten die Leute das lange nicht glauben, denn wenn man sie anschaut, ist sie gerade, oder sie geht hinauf oder hinunter, sie ist mit Bäumen bepflanzt und mit Häusern bebaut, und nirgends biegt sie sich zu einer Kugel; dort, wo sie es tun könnte, auf dem Meer, dort hört das Meer einfach auf, endet in einem Strich, und man sieht nicht, wie sich das Meer und wie sich die Erde biegt.
Es sieht so aus, als würde die Sonne am Morgen aus dem Meer steigen und abends zurücksinken ins Meer.
Doch wir wissen, dass es nicht so ist, denn die Sonne bleibt an ihrem Ort, und nur die Erde dreht sich, die runde Erde, jeden Tag einmal!
Das wissen wir alle, und der Mann wusste das auch.
Er wusste, wenn man immer geradeaus geht, kommt man nach Tagen und Jahren an denselben Ort zurück; wenn er jetzt von seinem Tisch aufstünde und wegginge, käme er später, von der anderen Seite, wieder zu seinem Tisch zurück.
Das ist so, man weiß es.

(Nach Peter Bichsel, schweizerischer Schriftsteller)

1. Woran merkt ihr, dass die Erde rund ist?
2. Warum dachten die Menschen früher, dass die Erde eine Scheibe ist?

Die Suche nach dem Apeiron

Eine merkwürdige Flaschenpost

Stefan und Moritz spielen am Strand von St. Peter-Ording. Sie sammeln Muscheln, um ihren Staudamm zu verschönern. Plötzlich entdeckt Moritz eine Flasche im Sand, die von den Wellen mit einem Ruck angespült worden ist.
„Da ist ja ein Zettel drin“, schreit Stefan und öffnet ganz aufgeregt die sandige Flasche.
„Was steht denn auf dem Zettel?“, fragt Moritz neugierig und schaut Stefan über die Schulter.
„Hier steht etwas auf Englisch, und zwar: I'm looking for the Apeiron. If you will find it, please write me a letter.“
„Weißt du, was das heißt?“, fragt Stefan seinen Freund.
„Nö, aber wir können meinen Papa fragen. Also eins hab' ich schon verstanden, da sucht einer irgendeinen Apeiron.“
„Papa, was steht auf dem Zettel“, brüllt Moritz und hält seinem Vater den vom Sand gebräunten Zettel vor die Nase. Der Vater legt seine Zeitung beiseite und schaut auf das geheimnisvolle Stück Papier.
Nach einer Weile erklärt er den beiden Jungen, dass jemand Apeiron sucht und einen Brief bekommen möchte, wenn man ihn gefunden hat. Der Absender heißt Bosse und wohnt in Malmö.
„Alles klar“, grinst Stefan, „dann schicken wir ihm jetzt wieder eine Flaschenpost und teilen ihm mit, dass wir Apeiron gefunden haben.“
Einige Wochen später sitzt Stefan an seinem Schreibtisch und blättert im Jugendlexikon, um etwas über Affen herauszusuchen, über deren Lebensweise er eine Hausarbeit schreiben soll. Doch plötzlich trifft ihn der Schlag! Er findet in seinem Lexikon das Wort Apeiron. Und dort steht geschrieben: Es handelt sich um das Urprinzip, aus dem unsere Welt bestehen soll, um das Unendliche. Und zwar hat dies ein gewisser Anaximander gesagt, ein griechischer Philosoph.
„Ach du liebe Zeit!“, seufzt Stefan, „dann haben wir ja dem armen Bosse aus Malmö etwas Falsches geschrieben. Denn das Unendliche kann man ja gar nicht finden!“

1. Was meint ihr? Lässt sich das Unendliche finden?
2. Überlegt, was Stefan und Moritz geschrieben hätten, wenn sie gewusst hätten, was das Apeiron ist. Unterbreitet ihnen einen Vorschlag für die Flaschenpost.
3. Versucht das Apeiron zu zeichnen.

Das Apeiron

Die ersten griechischen Philosophen werden oft als „Naturphilosophen“ bezeichnet, weil sie sich vor allem für die Natur* und für Naturprozesse interessierten.
Viele Menschen heutzutage glauben mehr oder weniger, dass alles irgendwann aus nichts entstanden sein muss. Dieser Gedanke war bei den Griechen nicht sehr verbreitet. Aus irgendeinem Grunde gingen sie davon aus, dass es „etwas“ immer gegeben hatte.
Wie alles aus nichts entstehen konnte, war also nicht die große Frage. Statt dessen wunderten sich die Griechen darüber, wie Wasser zu lebendigen Fischen und leblose Erde zu hohen Bäumen und farbenprächtigen Blumen werden konnte. Ganz zu schweigen davon, wie ein kleines Kind im Mutterleib entstehen kann.
Die Philosophen sahen mit eigenen Augen, wie in der Natur ständig Veränderungen stattfinden. Aber wie waren solche Veränderungen möglich? Wie konnte etwas aus einem Stoff in etwas ganz anderes übergehen, in lebendiges Leben zum Beispiel?
Gemeinsam war den Philosophen, dass sie glaubten, ein bestimmter Urstoff stecke hinter allen Veränderungen. Wie sie auf diesen Gedanken gekommen waren, lässt sich nicht so leicht sagen …
Anaximander meinte, dass unsere Welt nur eine von vielen ist, die aus etwas entstehen und in etwas vergehen, das er das Unendliche nannte. Es ist schwer zu sagen, was er mit dem Unendlichen gemeint hat, aber fest steht, dass er sich nicht […] einen ganz bestimmten Stoff vorgestellt hat. Vielleicht meinte er, dass das, aus dem alles geschaffen ist, ganz anders sein muss als das Geschaffene.

(Nach Jostein Gaarder, norwegischer Schriftsteller)

1. Versucht zu erklären, warum die griechischen Philosophen meinten, es gäbe einen Urstoff.
2. Was versteht ihr unter dem Unendlichen?

Der Apeiron-Stern

3. Überlegt, woraus unser Apeiron-Stern bestehen könnte.

Der Urknall

Big Bang

Nicki lag am Strand und warf mit der linken Hand Sandkörner in die Luft. Sie beobachtete verträumt, wie sie langsam zu Boden fielen. Ein Welt-Raum, der niemals aufhört, dachte sie. So wie sich die Sandkörner in der Luft ausbreiten, bewegen sich auch die Sterne und Kometen durch die Leere. Bang! Was war denn das? Ob da wohl jemand vom Surfbrett gefallen ist?
„Nein, ich bin es doch", hörte sie eine Stimme von weither flüstern.
„Ach du bist's, Himmelsmann, wieso kommst du denn mit einem Knall hier an?"
„Ich bin nicht der Himmelsmann", sagte die Stimme und wurde auf einmal lauter. „Ich bin das Weltall selbst und will dir etwas erzählen."
„Sooo? Was denn? Ich weiß schon, dass du weit über zehn Milliarden Jahre alt bist. Aber das musst du mir erst einmal beweisen!"
„Beweisen kann ich gar nichts", flüsterte das Weltall, „ich kann dir höchstens einen Denkanstoß geben."
„Geknallt hat es ja nun schon", antwortete Nicki, „und was kam nach dem Knall, dem du deine Geburt verdankst?"
„Hitze! Große Hitze! Überall waren Gaswolken aus Wasserstoff und Helium. Und diese verdichteten sich mit Staub zu kleinen und großen Massen von Himmelskörpern, zu denen auch die Kometen gehören, die dich so interessieren. Ich brauchte übrigens viele, viele Jahre, ehe ich dann etwas kälter wurde. Im Laufe der Zeit habe ich mir ein Gewebe mit riesigen Maschen gestrickt."
„Und woraus bestehen diese Maschen?" Nicki spürte plötzlich, wie ihr vor Hitze der Schweiß über den Rücken lief. Ihr war heiß und kalt zugleich, während es in ihrem Kopf unaufhörlich hämmerte.
„In den Maschen sind die Galaxien, meine Sternsysteme. Denn euer Sternsystem, die Milchstraße, zu dem ja auch die Erde gehört, ist nur eine meiner vielen Galaxien."
„Ich weiß", antwortete Nicki, die allmählich einen kühleren Kopf bekam, „die Milchstraße ist im Vergleich zu anderen Galaxien ziemlich klein. Und irgendwo, da oben in deinem Gewebe, werden bestimmt gerade wieder Sterne geboren, während an anderen Stellen welche verlöschen."
„Sooo?" Nicki vernahm ein undeutliches Rauschen, Dröhnen und Krachen. „Woher weißt du denn so gut über meine Galaxien Bescheid? Wie seid ihr Menschen denn überhaupt darauf gekommen, dass ich noch andere Galaxien außer der Milchstraße habe?"
„Na ja, du rätselhaftes Weltall" – Nicki biss sich stolz auf die Lippen. „Wir haben schließlich viele kluge Leute auf unserer Erde, die ja nur ein winziges Pünktchen in deinem Gewebe ist. Da gab es einen Mann, der hieß Immanuel Kant, und der hat schon vor über 200 Jahren vermutet, dass es viele Galaxien in deinem Gewebe gibt. Und mit unseren heutigen Radioteleskopen – ich habe übrigens ein selbst gebautes Fernrohr – können wir unheimlich weit in dein Gewebe hineinblicken. Sicherlich können wir manche deiner Pünktchen von der Erde aus nie erreichen, auch wenn wir 100 Jahre fliegen würden. Aber dies dauert mir, ehrlich gesagt, zu lange. Ich will lieber jetzt mit meinem Fernrohr in dein Gewebe schauen, so wie dies Kopernikus getan hat. Ich kann mir zwar nicht so recht vorstellen, dass dein Gewebe beständig wächst und nie aufhört und kein Oben und kein Unten haben soll, aber vielleicht wächst ja irgendwann auch einmal meine Fantasie.

1. Zeichnet das Gewebe aus Galaxien, von denen das Weltall erzählt. Erkundigt euch danach, was ein Radioteleskop ist.

Der blaue Planet

Vor sehr, sehr vielen Jahren entstand die Erde im Weltall. Es gab einen riesigen Urknall, der alle Planeten, die bis jetzt im Weltall waren, zerstörte. Es gab nur noch Staub, Geröll und Asche. Dann geschah es schon wieder. Überall Staub und Asche.

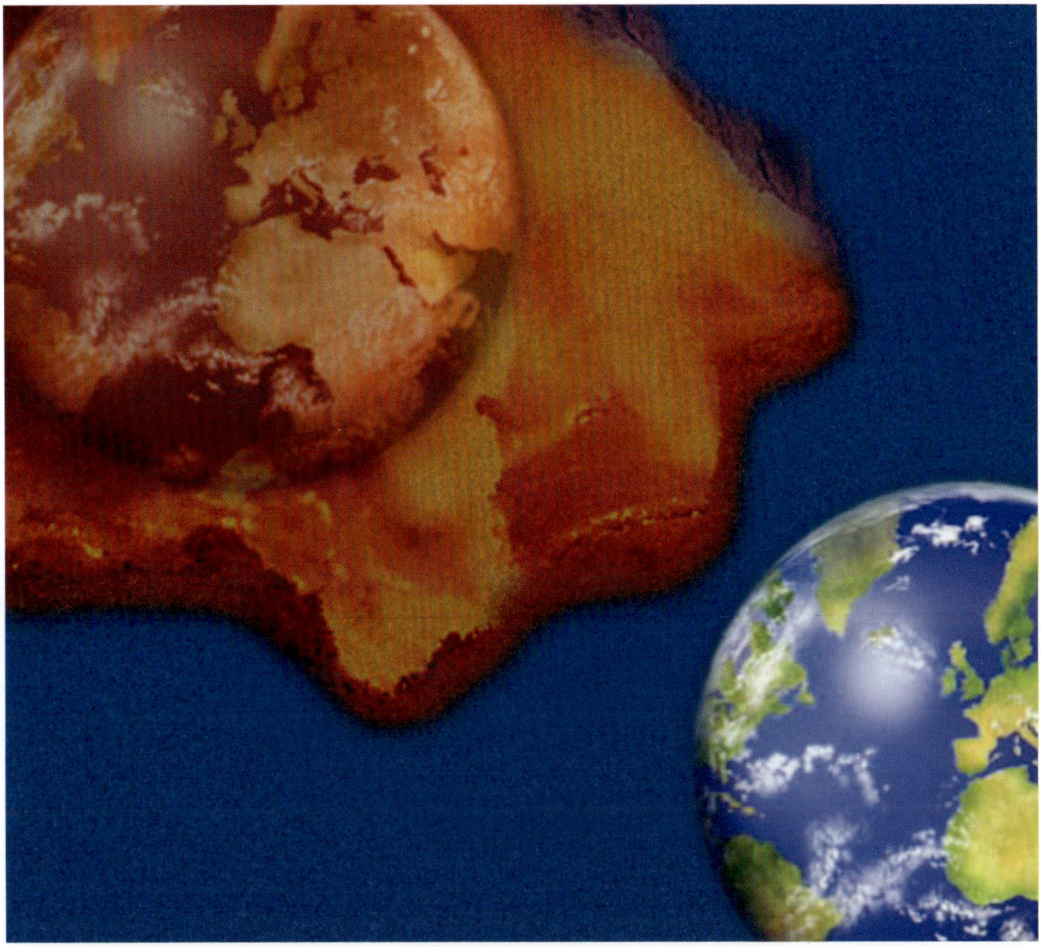

Eine Million Jahre später verschmolzen Asche und Staub zu Steinen, die zu großen Kugeln wurden. Daraus entstanden die Planeten. Auf einem war nur Wasser und so konnten sich hier Bakterien sammeln. Die Bakterien im Wasser wurden immer größer und so entstand Land. Dort wuchsen nun Pflanzen und auch im Wasser begannen Lebewesen zu entstehen. Diese Lebewesen zogen an Land und es begann die Zeit der Dinosaurier. Nach der Eiszeit starben sie aus und Affen besiedelten diesen Planeten. Die Affen entwickelten sich weiter zu Menschen und sie nannten den Planeten Erde oder blauen Planeten.
(Florian, 11 Jahre)

1. Wie denkt ihr über die Entstehung des Weltalls? Schreibt eine ähnliche Geschichte wie Florian. Vergleicht anschließend eure Ideen in der Klasse.

4. Ich und meine Zukunft

Himmel, Erde und wir – ein kosmisches Abenteuer

Bildet kleine Gruppen. Besorgt euch Würfel und kleine Figuren, vielleicht aus dem Mensch-ärgere-dich-nicht-Spiel. Unsere Weltraumreise beginnt unten mit dem Start.

1. Runde: Ihr würfelt, und wer von euch ein Raumschiff oder einen Astronauten erreicht, muss sagen, was er unter dem darunter schwebenden Wort versteht (mindestens zwei Sätze). Wem nichts dazu einfällt, der muss aussetzen. Wenn ihr auf einen Stern trefft, dürft ihr zwei Felder nach vorn rücken. Falls ihr in eins der schwarzen Löcher fallt, müsst ihr zwei Felder zurückfliegen. Gewonnen hat, wer zuerst auf unserer Erde wieder landet und eine Geschichte über die Entstehung des Weltalls erzählt.

2. Runde: Falls ihr noch einmal losfliegen wollt, so müsst ihr euch anstelle der Worterklärungen nun eine Geschichte mit dem Raumschiff-Wort ausdenken (mindestens fünf Sätze).

Wenn euch das kosmische Abenteuer gefallen hat, dann denkt euch jetzt selbst eine dritte Runde aus.

Sind Zeitreisen möglich?

Brad Baddelys Rettung

Die Wolken teilen sich, die Zeitmaschine beginnt zu stottern und dreht sich wie wild in der Luft. Kapitän Brad Baddely vom Time Commando kämpft verzweifelt mit dem Steuerknüppel, der ihm einfach nicht mehr gehorchen will.

Schließlich erlangt er wieder die Kontrolle über sein Gefährt und kann es holpernd auf dem matschigen Boden aufsetzen. Baddely späht durch das Fenster des Cockpits. Wegen des strömenden Regens kann er kaum etwas von der Landschaft sehen. Er öffnet die Luke und geht hinaus in eine trostlose, sturmgepeitschte Landschaft.

„Das ist also der Planet Vargy", flüstert er vor sich hin. Baddely weiß, dass er bald ein toter Mann sein wird. Ihm ist klar, dass er den kaputten Doobriemat seiner Zeitmaschine nicht reparieren kann. Und in wenigen Minuten wird der Planet Vargy von einem riesigen Kometen getroffen werden, der alles Leben auf seiner Oberfläche auslöschen wird.

Der Zeitkommandeur blickt um sich. Keinerlei Anzeichen von Leben. Wehmütig schweifen Baddelys Gedanken zur Erde zurück, zu seiner Familie, die er nun nie mehr sehen wird.

Auf einmal ein Geräusch: das Dröhnen einer anderen Zeitmaschine, die über ihm heransaust.

Die glänzende Kugel gleitet tiefer und landet sanft neben Baddely auf dem Boden. Die Luke springt auf.

„Schnell, herein mit dir!" Die Stimme aus

dem Innern klingt seltsam vertraut. Ein Kopf taucht auf. Baddely ist mehr als überrascht, als er in ein Gesicht blickt, das seinem zum Verwechseln ähnlich sieht. „Wer sind Sie?“, fragt Baddely verdutzt. „Ich will dich retten! Schnell, spring rein, damit ich dich von hier wegbringen kann!“ Innerhalb weniger Sekunden sind beide Zeitkommandeure sicher an Bord und die Zeitmaschine erhebt sich elegant in die Lüfte und schwebt hinaus in den Weltraum. Im rückwärtigen Monitor beobachtet Baddely den Planteten Vargy. Ein gewaltiger Komet kommt herangesaust und schlägt auf seiner Oberfläche ein. Ein Feuerstrahl schießt empor, dessen Flammen alles verschlingen. „Puh, das war knapp! Aber nun sagen Sie mir – wer sind Sie?“ „Ich bin du.“ „Ich?“

„Ja, ich bin dein zukünftiges Ich. Ich bin aus deiner Zukunft zurückgereist, um dich zu retten. Dem Himmel sei Dank, dass ich es geschafft habe ...“

(Stephen Law, zeitgenössischer englischer Philosoph)

1. Wäre es für euch vorstellbar, eines Tages euer eigenes Ich zu treffen? Begründet eure Meinung.
2. Wie könnte es eurem Ich gelingen, aus der Zukunft in die Gegenwart zu gelangen?
3. Würdet ihr gern einmal eine Zeitreise unternehmen? Warum? Warum nicht?

Lesetipp

Wenn euch interessiert, wie die Reise weitergeht, dann lest nach in: Stephen Law: Philosophie – Denken ohne Grenzen, Arena Verlag, Würzburg 2004, S. 124 ff.

Vorwärts, rückwärts, schnell und langsam

1. Was haben die verschiedenen Räume mit der Zeit zu tun? Gebt ihnen Namen.
2. Welcher Raum wird mit der Zeit immer größer, der rechte oder der linke?
3. Welche Dinge aus eurem bisherigen Leben würdet ihr in den linken Raum packen, welche in den rechten? Schreibt oder zeichnet sie in euer Heft.

Vorwärts und rückwärts

Man kann das Gegenwärtige nicht ohne das Vergangene erkennen ...
Wir blicken so gern in die Zukunft, weil wir das Ungefähre, was sich in ihr hin und her bewegt, durch stille Wünsche so gern zu unseren Gunsten heranleiten möchten.

(Johann Wolfgang von Goethe)

4. Versucht in Anlehnung an Goethes Gedanken die Vergangenheit zu charakterisieren.
5. Schreibt eure Ideen dazu auf. Sprecht anschließend über den Zusammenhang zwischen Gegenwart, Vergangenheit und Zukunft.

Zeit-Räume

Stell dir vor, du hättest einen Zeit-Fernseher, in dem du dir Bilder über dein Leben anschauen könntest. Entwirf in Stichworten oder als Zeichnungen drei Bilder, mit denen du die einzelnen Phasen deines Lebens beschreibst.

6. Diskutiert anschließend in der Klasse über eure Lebensbilder. Berücksichtigt dabei die Zeiteinteilung Vergangenheit, Gegenwart und Zukunft.

Das Zwillingspaar

Es war einmal ein Zwillingspaar, das sich nie trennte: Zwanzig Jahre verbrachten die beiden gemeinsam in der Schule, auf Festen und in Ferien, bis dann eines Tages der eine Arbeit an einem Bankschalter fand, während der andere mit einem Raumschiff startete. Der Astronaut schwirrt also so lange zwischen den Sternen herum, bis ihn eines Tages das Heimweh packt. Er kehrt nach Hause zurück und findet dort seinen Bruder vor, der inzwischen vierzig ist und Bankdirektor. Er selber hingegen ist erst einundzwanzig Jahre alt, weil nämlich (so sagt Albert Einstein) zwanzig Jahre wie ein einziges Jahr sind, wenn man sich mit so hoher Geschwindigkeit, also fast mit Lichtgeschwindigkeit, bewegt. Es ist aber keinesfalls so, dass der Astronaut nur glaubt, dass für ihn ein Jahr vergangen ist, für ihn ist tatsächlich nur ein Jahr vergangen: Seine Haut, seine Haare und alles übrige sind nur um ein Jahr gealtert. Die biologische Zeit seines Körpers hat sich während der Reise so verlangsamt, als hätten sich in seinen Zellen viele kleine Uhren befunden, die aufgrund der hohen Geschwindigkeit, mit der das Raumschiff sich durch das All bewegte, nachgingen.

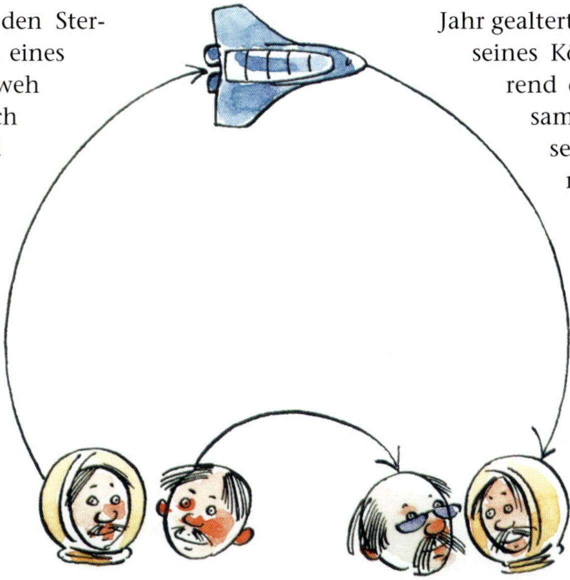

(Luciano de Crescenzo, italienischer Philosoph)

1. Könnt ihr erklären, warum die Zwillinge nach der Weltraumfahrt des einen Bruders unterschiedlich alt sind?

Albert Einstein und die Zeit

Albert Einstein (1879–1955) war ein deutscher Physiker. Im Alter von 25 Jahren veröffentlichte er 1905 seine bekannte Relativitätstheorie, die etwas mit unserem Problem von den Zwillingen zu tun hat. Ihr kennt sicherlich das Wort „relativ". Es besagt, dass wir eine Sache nicht absolut, d. h. sicher und immer gleichbleibend betrachten, sondern auch in Beziehung auf eine andere Sache. Ändert sich die eine Sache, so ändert sich auch das Verhältnis zwischen beiden. Ein Elefant ist z. B. relativ groß, wenn er direkt vor uns steht, und relativ klein, wenn wir ihn aus 200 Meter Entfernung anschauen. Es kommt immer auf den Bezugspunkt des Betrachters an, was ihr auch schon im Kapitel 1 in Bezug auf die Sinne feststellen konntet (vgl. Seite 12). Relativ sind nach Einstein auch die Größen Raum und Zeit. Sie hängen beispielsweise vom Bewegungsmaßstab der Uhren und vom Längenmaßstab (z. B. Lineal) ab.

2. Denkt noch einmal über das Zwillingspaar nach und versucht, das unterschiedliche Alter unter Verwendung des Wortes „relativ" zu erklären. Wenn es euch nicht gelingen sollte, dann nehmt euch Zeit und überlegt noch einmal, wie das Problem gelöst werden könnte.

Lebensstufen

Caspar David Friedrich, Lebensstufen (Ausschnitt)

1. Schaut euch das Bild von Caspar David Friedrich an und schreibt einige Gedanken dazu in euer Heft. Welche verschiedenen Lebensstufen könnt ihr erkennen? Was haben sie mit dem Thema Zeit zu tun?
2. Bildet Wortpaare, welche die verschiedenen Lebensstufen näher beschreiben (z. B. Nähe und Ferne).

Zukunftsideen

Habt ihr euch schon einmal überlegt, wie euer Leben in 20 Jahren aussehen wird? Hier die Antworten von Schülerinnen und Schülern einer 5. Klasse aus Leipzig.

1. Schreibt eine kleine Geschichte, wie ihr euch euer Leben in 20 Jahren vorstellt. Vergleicht eure Ideen dann in der Klasse.

Macht ein Interview mit euren Eltern. Fragt sie, wie ihr Leben vor 20 Jahren aussah. Arbeitet vorher einen Fragenkatalog dazu aus. Gestaltet anschließend eine Wandzeitung mit dem Titel „So war das Leben von 20 Jahren“.

5. Von und mit der Natur leben

Prometheus und der Titanenblick

Vor einigen tausend Jahren, als noch die Götter über die Menschen herrschten, so heißt es in der griechischen Sage, tummelte sich der Titanensohn Prometheus gern bei Großmutter Gaia auf der Erde. Eines Tages lag er im Wald von Kreta – er hatte sich im warmen Meer von Afrika müde geschwommen. Als er dicht vor sich in der grünen Unendlichkeit ein winziges rotes Sternchen und daneben ein zweites und daneben ein drittes entdeckte, schrie er aufgeregt: „Großmutter Gaia, was sind das für wunderbar rotleuchtende Punkte?" Als Titanensohn konnte er nur dumpf und unklar sehen. Er wollte alles erkennen, und darum verlieh ihm Großmutter Gaia die Fähigkeit des „feinen Sehens".

Mit Prometheus, so heißt es, haben die Menschen gelernt, die Natur* zu entdecken, zu ergründen und zu beherrschen (siehe auch Seite 39 in diesem Buch). Liegt bei ihm die Quelle, dass „die Menschen zum Maß aller Dinge wurden", wie es bei Protagoras, einem griechischen Philosophen der Antike, heißt? (siehe Seite 19 in diesem Buch) Seither hat sich sehr viel auf unserer Erde verändert.

1. Nehmt eine Milchfolie und betrachtet die Bilder auf Seite 56 mit „Titanenblick" und danach mit Menschenblick. Habt ihr beim Betrachten jedesmal dieselben Gefühle und Gedanken oder unterschiedliche?
2. Begründet eure Meinung. Lest hierzu auch noch einmal Seite 12 in diesem Buch!

Begegnung mit der Natur

Die kleine Lerche

(frei nach Leonardo da Vinci)

Eines Abends, als es sehr kalt war, las die Mutter Jana und Julian eine Geschichte vor. Es war einmal ein alter Mann, der ganz allein im Wald lebte. Er schien andere Menschen nicht zu vermissen. Sein einziger Gefährte war eine Lerche, und die liebte er von ganzem Herzen. Eines Tages kamen zwei Soldaten zu seinem Haus. Sie sagten, dass er mit ihnen zum Schloss kommen sollte, weil der König sehr krank sei.

Der alte Mann begleitete die Soldaten zum Schloss und nahm auch seine Lerche mit. Er ging in einen goldenen Saal hinein. Hier lag der kranke König. Die Lerche flog sofort zu seinem Bett und setzte sich auf das Kissen. Der alte Mann beobachtete sie eine Weile, und dann sagte er: „Der König wird bald wieder gesund werden!" Die um das Bett des Königs versammelten Ärzte fragten ihn daraufhin erstaunt: „Woher weißt du denn das?"

Im selben Augenblick öffnete der König die Augen und erblickte die kleine Lerche. Er versuchte zu lächeln.

Alle Ärzte wunderten sich und trauten ihren Augen nicht, denn der König sah schon wieder ganz gesund aus.

„Ich fühle mich allmählich besser", sagte er. Noch am selben Abend kehrte der alte Mann mit seiner Lerche in den Wald zurück. Der kleine Vogel sang weiterhin jeden Tag für ihn, und so fühlte er sich nicht allein.

Einige Tage später war der König wieder völlig gesund. Er ritt sofort in den Wald, um dem alten Mann zu danken. „Danke nicht mir", sagte dieser. „Die kleine Lerche hat dich geheilt. Wenn sie ihren Kopf von einem kranken Mann abwendet, so bleibt er krank. Wenn sie ihn jedoch ständig ansieht, so wird er gesund."

„Aber wie kann denn ein Vogel Menschen heilen?", fragte der König erstaunt. Der alte Mann blickte ihm in die Augen. „Weißt du das wirklich nicht? Dann werde ich es dir erzählen. Die kleine Lerche kommt von den Feldern und Wiesen, wo die Welt so schön grün ist. Deshalb kennt sie noch nicht das Böse."

Der König lächelte und ritt glücklich nach Hause.

(Per Jespersen, dänischer Philosoph)

1. Warum hat die kleine Lerche den König geheilt? Hat dies etwas mit der Natur zu tun? Warum? Warum nicht?
2. Was verbindet ihr mit dem Wort „Natur"? Sucht aus dem Märchen Stellen heraus, mit denen ihr die Natur beschreiben könntet. Entwerft dazu ein Begriffsnetz (siehe S. 17).
3. Bildet kleine Gruppen und spielt das Märchen in veränderter Form, und zwar so, dass der König nicht geheilt wird. Was müsste sich dann an der Geschichte ändern?

Ein ungewöhnlicher Tannenbaum

Sandra steht am Weihnachtsabend ganz aufgeregt vor der Wohnzimmertür. Gleich wird mich Mama rufen, freut sie sich. Und wenn die Tür aufgeht, dann werde ich ihn endlich sehen: unseren diesjährigen Weihnachtsbaum. Wie jedes Jahr wird er mit roten Kugeln und Tannenzapfen geschmückt sein und natürlich auch mit bunten Kerzen. Und Mama wird uns Kinder wieder zur Vorsicht mahnen, damit wir den Baum nicht umwerfen und die Wohnung womöglich noch abbrennt.
Als endlich der lang ersehnte Augenblick gekommen ist und die Kinder ins Wohnzimmer stürmen, schaut Sandra zuallererst auf den Weihnachtsbaum. Er ist wie immer schön geschmückt, mit roten Kugeln, allerdings fehlen dieses Mal die Tannenzapfen. Und irgendwie hat Sandra das Gefühl, mit dem Baum stimmt etwas nicht. Aber was? Ja, richtig, es duftet nicht nach Tannenbaum! Vorsichtig nähert sich Sandra dem geschmückten Baum und berührt liebevoll seine Äste. Sie fühlen sich nicht so klebrig an wie sonst, sondern eher glatt.
„Wir haben in diesem Jahr einen modernen Baum gekauft“, sagt die Mutter freudig. „Unser Baum wird nicht nach und nach die Nadeln verlieren, er bleibt immer schön grün, egal ob er nun zwei oder drei Wochen im Wohnzimmer steht. Und danach kommt er auf den Boden, bis wir ihn im nächsten Jahr wieder holen. Unser Baum ist nämlich aus Plastik, und billig war er auch nicht.“

1. Würdet ihr euch über einen solchen Tannenbaum freuen? Warum? Warum nicht?
2. Ist ein Tannenbaum aus Kunststoff das Modell der Zukunft? Die Natur wird geschont und wir müssen keine (Tannen-)Bäume mehr fällen. Führt ein Streitgespräch darüber. Entwerft dazu ein Begriffsnetz (vergleicht auch Seite 17 in diesem Buch).

Mein Freund, der Baum

Der Wald auf dem Kopf

Georg Baselitz, Der Wald auf dem Kopf, 1969

1. Beschreibt in Stichworten die verschiedenen Bildelemente.
2. Was könnte den Künstler dazu bewogen haben, den Wald auf den Kopf zu stellen?
3. Wozu brauchen wir Menschen überhaupt den Wald? Stellt in Zusammenarbeit mit dem Biologieunterricht in einem Schema die Bedeutung des Waldes für das menschliche Leben dar.

Ein Baum erzählt aus seinem Leben

Tim war auf dem Weg nach Hause und fühlte sich plötzlich schlapp. Deshalb beschloss er, sich kurz auszuruhen und sich in den Schatten eines großen Ahornbaumes zu legen. Er schloss die Augen und träumte in der warmen Frühlingssonne. Plötzlich hörte er wie von fern eine Stimme flüstern: „Wenn sich jemand in meinen Schatten legt, dann fühle ich mich glücklich. Viele Jugendliche kommen aber mit Taschenmessern und ritzen ihre Namen in meine Rinde. Das tut mir weh. Was würden eigentlich die Menschen sagen, wenn jemand in ihre Haut Namen oder Sprüche einritzen würde?" Der alte Ahornbaum holte tief Luft, so hatte er sich aufgeregt. „Und dann, mein lieber Tim, möchte ich dir noch etwas sagen. Ihr Menschen pustet viel zu viele Schadstoffe in die Luft. Davon fallen meinen Nachbarn die Blätter aus! Schau sie dir doch einmal an, wie kahl sie sind. Wenn ihr Menschen ständig im Rauch stehen müsstet, dann würde euch auch bald die Haut jucken und die Haare würden euch alle einzeln herausfallen." Tim zuckte plötzlich zusammen und kratzte sich am Bein. „Und zu guter Letzt, lieber Tim …", der Ahornbaum zitterte vor Erregung, „wer weiß wie lange du noch so ungestört in meinem Schatten liegen kannst? Ihr Menschen holzt uns Bäume doch alle ab, weil ihr immer mehr Schränke und Stühle haben wollt. Müsst ihr euch wirklich alle zwei Jahre neue Möbel kaufen?"

Tim rieb sich die Augen, klopfte die Erde von seiner Hose ab und griff nach seinem Schulranzen. Da sah er plötzlich einige Meter entfernt zwei Jungen mit einem Taschenmesser stehen. Verflixt, überlegte er, was mache ich denn jetzt?

1. Könnt ihr Tim einen Rat geben? Schreibt ihn in euer Heft.

Erkundigt euch in Zusammenarbeit mit dem Fach Biologie, welche Schadstoffe für Bäume gefährlich sind. Erarbeitet in kleinen Gruppen Vorschläge, wie Menschen die Bäume besser behandeln können. Gestaltet dazu eine Wandzeitung.

Haben Tiere eine Seele?

Nora stellt viele Fragen

Der deutsche Philosoph Vittorio Hösle hat mit der zwölfjährigen Schülerin Nora mehrere Monate lang einen Briefwechsel über philosophische Fragen geführt. Einige Briefe wurden später in dem Buch „Das Café der toten Philosophen" veröffentlicht. Wie Nora die Fähigkeiten von Tieren beurteilt, kannst du in dem folgenden Brief lesen.

Lieber Vittorio,

vielen Dank für deine beiden Briefe! Entschuldigung, dass ich so spät schreibe, aber in der letzten Woche hatte ich ziemlich viel zu tun. Na ja, als Erstes werde ich deinen ersten Brief so gut es geht beantworten.
Also, mir hat sich eine Frage gestellt: Haben Tiere wirklich keine Seele? Das war doch auch Renés Frage, oder? Er ist zu dem Schluss gekommen, dass Tiere keine Seele haben, stimmt's? Ich weiß nicht so recht, was ich dazu sagen soll, denn bei unserem Hund kann man viele Eigenschaften feststellen, die eigentlich zu einer Seele gehören. Zum Beispiel: Er kann Freude, Schmerz, Trauer (wenn er jault) und auch ein bisschen Heimweh empfinden. Aber das sind ja nicht alle Eigenschaften einer Seele. Da gibt es ja noch die Liebe oder den Verstand. Huch, da fällt mir etwas auf: Etwas Verstand müssen die Tiere doch auch haben, denn Tiermütter sorgen sich ja ganz zärtlich um ihre Kinder, und tadeln tun sie sie auch! Hm, das ist wirklich sehr schwer! Vielleicht haben Tiere auch eine Art Tierseele? Oder eine halbe Seele? Was meinst du denn? Gehört Freude zum Bewusstsein? Haben Tiere vielleicht nur ein Bewusstsein, keine richtige Seele? Vielleicht haben Tiere eine Erkenntnis!? Aber eines kannst du René sagen: Tiere sind sicherlich keine Computer!

1. Stellt euch vor, ihr wärt der Philosoph Vittorio Hösle. Was würdet ihr Nora antworten? Schreibt ihr einen Brief. Wenn ihr anschließend wissen wollt, was Vittorio Nora geschrieben hat, dann lest in dem Buch „Das Café der toten Philosophen", Beck'sche Verlagsbuchhandlung, München 1998 auf den Seiten 29–33 nach und vergleicht eure Antwort mit der von Vittorio.

Sind alle Lebewesen gleich viel wert?

Leo

Nach einer Woche gab Anne die Suche nach Leo, ihrem kleinen getigerten Kater, auf. Doch dann bekam sie den Tipp, dass seit vier Tagen ein verwundetes Kätzchen wimmernd in einem zwei Kilometer entfernten verwilderten Garten sitzt. Sie rannte so schnell sie konnte und rief die ganze Zeit dabei „Leo, Leo!“ Ehe Anne niederkniete, um durch das Gebüsch zu kriechen, antwortete er ihr mit einem kehligen „Miau!“. War das wirklich ihr kleiner Leo? Ein Knochenbündel hinkte auf sie zu – verstörte Augen und Ohren, riesengroß über einem mageren Vogelhals. Aus der Kehle kam ein komisch schnarrendes Geräusch – kein Schnurren. Sein linkes Schlüsselbein war gebrochen. Aber sie fand keine Wunde. Bedeutete das etwa, dass die Verletzung von einem Stockhieb stammte? Die Knochen würden heilen, sagte der Tierarzt. Aber vielleicht würde Leo lahmen. Wie froh war Anne, dass sie die Suche nach Leo nicht aufgegeben hatte. Sehr stark fühlte sie, dass uns ein Vertrag mit den Tieren bindet.

1. Wieso bindet uns ein Vertrag mit den Tieren?

Bob – verlass mich nicht

Da saß er, klein, zusammengekauert und trotzdem wachsam beobachtend, mein größter Geburtstagswunsch – Bob, ein kleiner Mischlingshund. Ich hatte mit ihm gemeinsame Spiele erfunden. Er war klug, denn oft trickste er mich aus. Die Wochen mit ihm vergingen und ich war seelig. Plötzlich wurde er schwer krank. Wir wussten nicht, was mit ihm los war. Was unternahmen wir nicht alles, um Bob zu retten. Er lag reglos und guckte mich nur traurig an. Ständig wachte einer von uns am Krankenlager. Ich hatte ganz vergessen, was schlafen ist. Oft schwindelte mir in der Schule vor Müdigkeit der Kopf und doch konnte ich mich nicht entschließen, den Kranken nachts zu verlassen. Wenn ich mich nur in Richtung zur Tür bewegte, streckte sich Bob und jaulte kläglich, als riefe er mich. Und jedesmal kehrte ich um. Endlos lang waren die Nächte, und nur das Ticken der Uhr und Bobs unregelmäßige Atemzüge belebten die Stille im Zimmer. Welche Mühe gab ich mir, ihm ein Stückchen Fleisch zwischen die Zähne zu schieben. Dann, endlich, begann er langsam zu kauen. Ich jubelte und weinte dabei vor Freude. Er zog seine Lefzen hoch und lächelte …

2. Hattet ihr schon ähnliche Erlebnisse mit Tieren? Erzählt davon.
3. Manchmal gibt es auch ganz ungewöhnliche Ereignisse mit Tieren, und wir fragen uns dann: Können Tiere uns verstehen? Haben sie eine Seele oder können sie sogar denken? Was meint ihr?
4. Lest hierzu auch noch einmal die Seiten S. 30 f. in diesem Buch. Gebt dann eine begründete Antwort!

Tiere brauchen unseren Schutz

1. Beschreibt anhand der Fotos das Verhältnis zwischen Mensch und Tier.

Birkhuhnjagd

… mein Freund und ich gingen auf Birkhuhnjagd: Plötzlich flatterte dicht vor uns eine Birkhenne mit ihren Jungen auf. Mein Freund schoss, traf und trotzdem fiel sie nicht hinunter. Ich wollte ihnen folgen. Mein Freund hielt mich zurück und sagte: „Bleiben wir hier und täuschen sie!“ Mein Jagdgenosse ahmte die Lockrufe der Birkhähne ausgezeichnet nach. Und tatsächlich: Zuerst meldete sich das eine Junge, dann das andere. Plötzlich hörten wir das zärtliche Gackern der Birkhenne – und das ganz nah. Ich hob den Kopf – und was sehe ich: Durch das Gewirr der Grashalme läuft sie auf uns zu, sie läuft und läuft, und ihre Brust ist blutüberströmt! Die Mutterliebe war es, die sie zurücktrieb. Nun erwies ich mich als Störenfried. Ich erhob mich und klatschte in die Hände. Die Birkhenne flog weg. Mein Freund war daraufhin sehr böse. Von da an fiel es mir immer schwerer und schwerer, zur Jagd zu gehen und Blut zu vergießen.

(Iwan Turgenjew, russischer Schriftsteller)

2. Könnt ihr euch erklären, warum Turgenjew die Birkhenne vertrieben hat?
3. Dürfen wir zu unserem eigenen Vergnügen Tiere töten oder für Versuche einsetzen? Gibt es überhaupt ein Recht für uns Menschen, Tiere zu töten? Führt ein Streitgespräch darüber.

Ein Orang-Utan erzählt

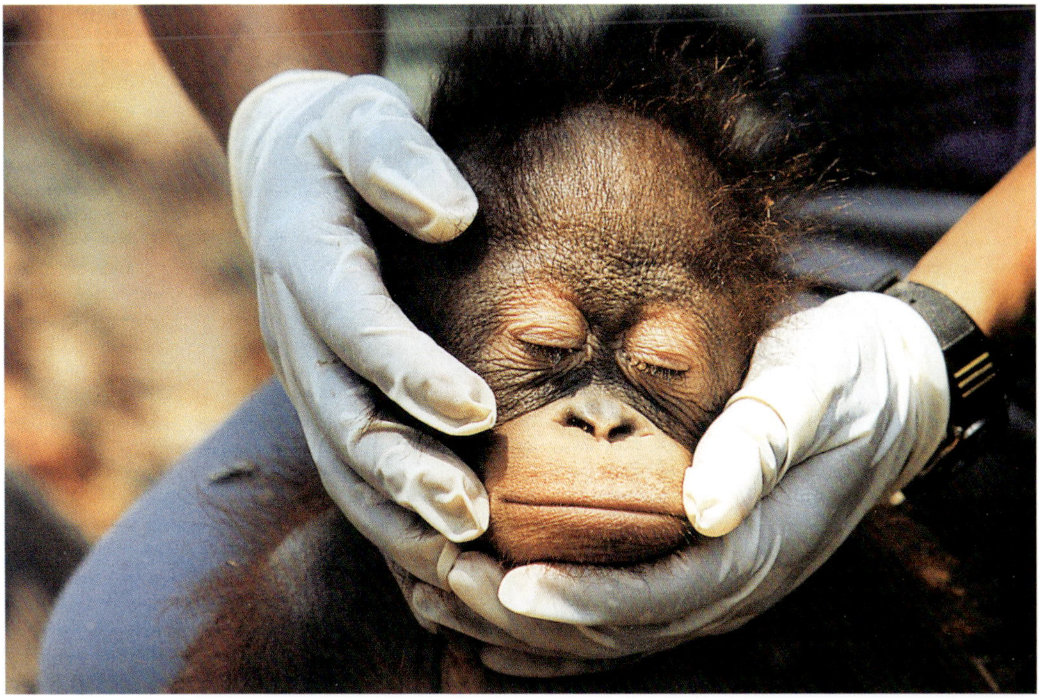

1. Schaut euch das Bild an und verwandelt euch in Gedanken in einen Orang-Utan. Schreibt anschließend einen Brief an die Menschen und versucht sie mit guten Gründen davon zu überzeugen, bedrohte Tiere zu beschützen.

Nur ein Frosch?

Die Jungen werfen zum Spaß
mit Steinen nach Fröschen.
Die Frösche sterben im Ernst.

(Erich Fried)

2. Sprecht anhand des Gedichtes darüber, was es heißt, Verantwortung für Tiere zu übernehmen.
3. Überlegt, was passieren würde, wenn alle Menschen so wie die Jungen im Gedicht handeln würden.
4. Schreibt anschließend fünf Wörter in euer Heft, durch die ihr den Begriff Verantwortung näher charakterisiert.

Das Leben ist kostbar

Albert Schweitzer (1875–1965) war Arzt, Theologe und Philosoph. Er gründete 1913 im afrikanischen Urwaldort Lambarene ein Krankenhaus, das er bis zu seinem Tode leitete. Für seine Arbeit, die vor allem der Verständigung zwischen den Völkern und dem Erhalt der Natur diente, erhielt er 1952 den Friedensnobelpreis.

1. Erzählt anhand des Bildes, wie ihr euch das Leben von Albert Schweitzer in Lambarene vorstellt.

Ein Tipp

Wenn ihr noch mehr über Albert Schweitzer wissen wollt, wendet euch an das Deutsche Albert-Schweitzer-Zentrum in 60311 Frankfurt am Main, Neue Schlesingergasse 22–24.

Ehrfurcht vor dem Leben

Du gehst auf einem Waldpfad: Die Sonne scheint in hellen Flecken durch die Wipfel hindurch; die Vögel singen; tausend Insekten summen froh in der Luft. Aber dein Weg, ohne dass du etwas dafür kannst, ist tot. Da quält sich eine Ameise, die du zertreten, dort ein Käferchen, das du zerquetscht, dort windet sich ein Wurm, über den dein Fuß gegangen. In das herrliche Lied vom Leben klingt die Melodie von dem Weh und Tod, die von dir, dem unschuldig Schuldigen kommen, hinein ...

Und so fühlst du in allem, was du Gutes tun willst, die furchtbare Ohnmacht, zu helfen, wie du wolltest. Dann kommt die Stimme des Versuchers und sagt dir: Warum dich denn quälen? Es hilft nichts. Gib es auf, werde gedankenlos und gefühllos wie die andern ... Zuletzt kommen wir dann so weit, dass wir uns schämen, das große Miterleben und das große Mitleiden zu kennen. Wir verheimlichen es voreinander und tun, als wäre es uns etwas Törichtes, so etwas, das man ablegt, wenn man anfängt, ein vernünftiger Mensch zu werden ... So sage ich euch: Lasst euch nicht abstumpfen, bleibt wach! ...

(Albert Schweitzer)

2. Was bedeutet es für Albert Schweitzer, Ehrfurcht vor dem Leben zu haben?
   Stimmt ihr ihm zu? Warum? Warum nicht?

Zwei unversöhnliche Positionen?

Die biozentrische Position

Sie wird abgeleitet von dem Wort bios, das Leben bedeutet. Alle Lebewesen (Pflanzen, Tiere, Menschen) sind gleich viel wert. Sie müssen deshalb gleichermaßen geschützt und geachtet werden. Leben ist Leben. Alles, was lebt, hat Rechte und muss ohne Ansehen der Lebensform dementsprechend behandelt werden.

Marienkäfer auf einer Kamillenblüte

Die anthropozentrische Position

Sie wird abgeleitet von dem Wort anthropos, das Mensch heißt. Der Mensch ist das Maß allen Lebens. Deshalb ist es wichtig, die Umwelt für den Menschen zu erhalten. Der Mensch muss begreifen, dass er sich selbst zuliebe die Natur nicht zerstören darf. Die Umwelt hat keinen Wert an sich, sondern nur einen Wert für den Menschen.

Kunstgeschöpf aus Schaf und Hund

1. Führt ein Streitgespräch über diese beiden Meinungen. Überlegt, welche Gründe für die eine Position und welche für die andere Position sprechen. Prüft eure Gründe.
2. Versucht anschließend in euer Heft eine dritte Position zu schreiben, die beide Positionen verbindet. Gelingt euch das?

6. Der Mensch in der Gemeinschaft

Verschiedene Formen einer Gemeinschaft

Kleine Leute, große Leute
gab es gestern, gibt es heute,
wird es sicher immer geben,
über, unter, hinter, neben

dir und mir und ihm und ihr:
Kleine, Große sind wie wir.
Größer als ein Großer kann
aber sein ein kleiner Mann.

Klein und groß sagt gar nichts aus,
sondern nur, was einer draus
für sich selbst und alle macht.
Darum habe darauf Acht:

Wer den andern hilft und stützt
und sich nicht nur selber nützt,
hat das richtige Format
ob ein Zwerg er oder grad

lang wie eine Latte ist
oder einen Meter misst.
Kleine Leute, große Leute
Gab es gestern, gibt es heute.

Günter Kunert

1. Findet die Gemeinsamkeiten auf den Fotos!
2. Nennt die Gemeinschaften, in denen ihr euch oft befindet. Welche Anforderungen stellen sie an euch? Welche Erwartungen habt ihr an sie?
3. In welcher Gemeinschaft fühlt ihr euch wohl? Begründet eure Meinung!
4. Schreibt eine Zeitungsanzeige zum Thema „Gemeinschaft gesucht". Lest sie in der Klasse vor und besprecht sie.
5. Sucht euch eine Anzeige heraus und denkt euch dazu eine Geschichte aus.
6. Tauscht euch über eure Ergebnisse aus.
7. Schreibt eine Geschichte zum Thema „Mein Traum vom Zusammenleben mit anderen Menschen". Überlegt dabei, was für euch wichtig ist.
8. Überlegt euch ein Symbol für eine Gemeinschaft, in der ihr gern seid.

Kann ich allein leben?

Hasengeschichte

Oft, am Abend im Bett, da denke ich mir: Über dem großen Meer, weit weg von hier, da gibt es eine hohe, steile Felsenküste und dahinter eine weite, ganz öde Wüste und dort, mitten im Sand, eine kleine Oase, und in der lebt ein winziger kleiner Hase.

Frisst Disteln und ist mutterseelenalleine, denn andere Viecher gibt es dort keine.
Er sehnt sich nach Freunden und Löwenzahn und fragt: „Wer hat mir die Einsamkeit angetan?"
Wüsst er, dass ich ihn so ausgedacht, zum Spaß, der hätt' auf mich sicher einen riesigen Hass!

(Claus Bremer, deutscher Schriftsteller)

1. Wieso hätte der Hase Hass auf den Sprecher des Gedichtes?

Allein heranwachsen

Kaspar Hauser wurde 1812 geboren. Von 1814 bis 1828 war er ohne menschlichen Kontakt in einem Verlies bei völliger Dunkelheit eingesperrt. Keiner sprach mit ihm. Er war angekettet und das Verlies war so niedrig, dass er nicht stehen konnte.
Am 26. Mai 1828 tauchte er in Nürnberg auf dem Marktplatz auf. Er konnte weder richtig laufen noch normal sprechen.
Als man ihm Fleisch und Bier gab, weigerte er sich, es zu essen und spuckte es aus, sobald es seinen Mund berührt hatte. Brot und Wasser verschlang er mit Gier.
Er hatte vor nichts Angst, so griff er z. B. ins Feuer. Sein Benehmen war wie das eines Zwei- oder Dreijährigen … Ein Arzt, der ihn untersuchte, stellte fest: „So viel ist klar … dass man es hier mit einem Menschen zu tun hat, der nichts von seinesgleichen ahnt, nicht isst, nicht trinkt, nicht fühlt, nicht spricht wie jeder andere, der nichts von gestern, nichts von morgen weiß, die Zeit nicht begreift, sich selber nicht spürt."
1833 wurde Kaspar Hauser von einem Unbekannten ermordet.

2. Leben wie Kaspar Hauser ist wie … Setzt den Satz in eurem Heft fort.
3. Diskutiert darüber, ob Kasper Hauser ein gutes Leben hatte.
4. Vergleicht: Was kann Kaspar Hauser – was könnt ihr? Wer hat daran Anteil? Erstellt eine Tabelle und listet auf:

Fähigkeit	Personen

Leben wie Robinson?
(nach Daniel Dafoe)

Robinson, Sohn eines Kaufmanns aus York, der gegen den Willen der Eltern zur See fährt, besteht dort einige Abenteuer und wird nach einem Schiffbruch als einziger Überlebender auf eine einsame Insel verschlagen. Nichts ist mehr da aus seinem früheren Leben.

Aber Robinson gibt nicht auf. Aus Angst vor wilden Kannibalen, von denen er gehört hatte, und den wilden Tieren, von denen es in dieser Gegend nur so wimmeln sollte, errichtet sich Robinson in Schwerstarbeit eine Hütte am Gipfel eines Felsens. Die Werkzeuge, die er dafür benötigt, findet er in den Überresten seines Schiffes, das glücklicherweise nicht sofort ins Meer zurücktrieb. Robinson lebt einige Jahre in dieser Hütte, ernährt sich von Ziegen, die er mit Holzspeeren erlegt, baut sich aus einigen Getreidesamen einen Acker auf und führt ein Tagebuch über seine Lage. Die Angst vor Eingeborenen und die Furcht davor, dass ihm seine Vorräte ausgehen könnten, plagen ihn ständig. Robinson übersteht einen Vulkanausbruch mit darauf folgendem Erdbeben und eine schwere Krankheit. Er beginnt seine Insel immer mehr zu durchforschen und sich über die ausgefallensten Tierarten Notizen zu machen. Langsam dankt Robinson Gott dafür, dass er ihn auf diese Insel geschickt hat, denn er findet immer mehr Gefallen an dem Leben ohne jegliche Zivilisation. Er konzentriert sich auf die Bewirtschaftung seiner Felder und das Großziehen seiner Tiere.

Das geht nun jahrein, jahraus so.

(Christine Nöstlinger, österreichische Schriftstellerin)*

1. Wenn ihr auf dieser Insel wärt, was würdet ihr vermissen? Begründet eure Ansicht!
2. Wann seid ihr gern allein? Wann möchtet ihr auf keinen Fall allein sein?
3. Allein sein ist frei sein. Diskutiert über diesen Ausspruch!
4. Stellt euch vor, ihr habt die Möglichkeit, alles das zu bekommen, was ihr euch wünschst. Dazu müsstet ihr ein Leben lang darauf verzichten, jemals wieder mit Menschen in Kontakt zu kommen. Wie würdet ihr euch entscheiden? Begründet eure Entscheidung!

Wir

Ich bin ich und du bist du.
Wenn ich rede, hörst du zu.
Wenn du sprichst, dann bin ich still,
weil ich dich verstehen will.
Wenn du fällst, helf ich dir auf,
und du fängst mich, wenn ich lauf.
Wenn du kickst, steh ich im Tor,
pfeif ich Angriff, schießt du vor.
Spielst du Pong, dann spiel ich Ping,
und du trommelst, wenn ich sing.
Allein kann keiner diese Sachen,
zusammen können wir viel machen.
Ich mit dir und du mit mir –
das sind wir.

(Irmela Brender, deutsche Schriftstellerin)

5. Was könnt ihr allein machen, wozu braucht ihr die anderen? Nennt Beispiele!
6. Fertigt zum Thema „Ich – du – wir" eine Zeichnung an.

Der Mensch lebt nicht vom Brot allein

Das folgende Gespräch ist ein Gedankenexperiment. Wir lassen den Schüler Philo mit dem berühmten Philosophen Aristoteles* diskutieren.

Philo: Aristoteles, kann ein Mensch leben wie Robinson?

Aristoteles: Nein, der Mensch kann auf Dauer nicht allein leben. Der Mensch muss in einer Gemeinschaft leben. Alle Menschen haben nun von Natur das Bedürfnis, in einer Gemeinschaft zu leben. Der Mensch kann nur zum Menschen werden, wenn er mit anderen zusammenlebt. Ohne menschliche Gesellschaft ist der Mensch gar kein Mensch. Ich behaupte, der Mensch ist ein zoon politikon, d. h. der Mensch ist ein staatenbildendes Wesen. Du kannst auch sagen: Er ist ein soziales Wesen.

Philo: Aber bilden nicht Bienen oder Ameisen auch einen Staat?

Aristoteles: Richtig. Aber die Menschen unterscheiden sich von Bienen und Ameisen. Der Mensch ist das einzige Lebewesen, das Sprache besitzt. Die (bloße) Stimme zeigt Schmerz und Lust an und ist darum auch bei Tieren zu finden. Mit der Sprache dagegen verständigen sich die Menschen darüber, was nützlich ist und was schädlich, was gerecht ist und was ungerecht, was gut ist und was schlecht. Nur der Mensch allein besitzt Wissen darüber.

1. Erklärt mit eigenen Worten, wodurch sich Bienen- und Ameisenstaaten von menschlichen Staaten unterscheiden. Lest hierzu noch einmal die Seite 30 f. zum Thema „Sprechen Tiere auch?" in diesem Buch.
2. Der Mensch ist ein Wesen, das in der Gemeinschaft leben muss. Sammelt Bilder, die diese Behauptung belegen. Gestaltet daraus eine Collage!
3. Sprecht darüber, warum ihr diese Bilder ausgewählt habt.
4. Sprache ist wichtig, um in einer Gemeinschaft zu leben. Diskutiert diesen Satz!

Wir spannen ein Netz. Ein Spiel

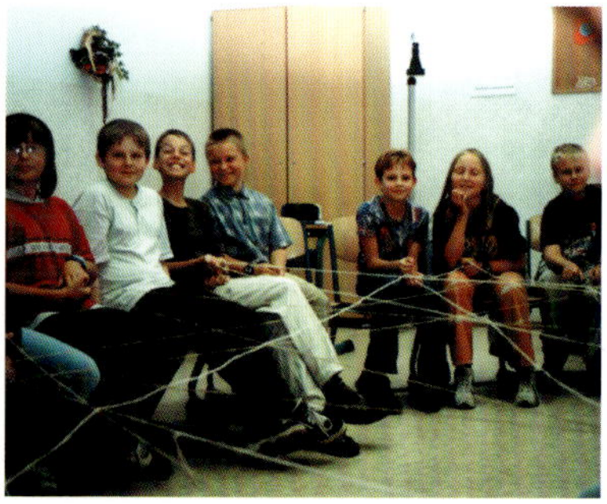

Bestimmt einen Netzprüfer. Nehmt ein großes Knäuel dicke Paketschnur. Setzt euch in einen Kreis und werft euch das Knäuel zu. Diejenigen, die das Knäuel erhalten, erzählen, weshalb sie die Gemeinschaft brauchen. Das Knäuel sollte über Kreuz geworfen werden, damit ein Netz entsteht. Wenn alle ein Stück Netz in der Hand haben, stehen sie auf und das Netz wird gespannt. Versucht es ganz straff zu halten. Dann kann sich der Netzprüfer in das Netz legen. Die Gemeinschaft hält ihn.

5. Was zeigt nach eurer Meinung diese Übung?
6. Schreibt einen Tagesablauf, bei dem ihr ganz allein lebt. Alle anderen Menschen und auch ihre Handlungen gibt es nicht.

Was will und was braucht der Mensch?

Der amerikanische Arzt Abraham Maslow erforschte gesunde, erfolgreiche und glückliche Menschen. Dabei entdeckte er, dass man die menschlichen Bedürfnisse nach einer bestimmten Rangordnung einteilen kann. Alle Bedürfnisse zusammen kann man sich als Schichten einer Pyramide vorstellen. Sobald eine Stufe erreicht ist, hat der Mensch das Bestreben, die nächsthöhere Stufe zu erreichen.
Erst wenn die Bedürfnisse einer unteren Stufe gestillt sind, strebt der Mensch nach Bedürfnissen der nächsthöheren Stufe.

5. Stufe – ***Selbstverwirklichung***
Einmaligkeit, Güte, Gerechtigkeit, Selbstlosigkeit
(anderen etwas geben)

4. Stufe – ***Soziale Anerkennung***
„Ich-Bedürfnisse" sammeln, wie Anerkennung, Geltung (Macht und Einfluss), Selbstachtung

3. Stufe – ***Soziale Bedürfnisse***
Kommunikation, Partnerschaft, Liebe, Freundschaft, Gruppenzugehörigkeit

2. Stufe – ***Sicherheit***
materielle und berufliche Sicherheit, Lebenssicherheit

1. Stufe – ***Grundbedürfnisse***
Nahrung, Kleidung, Schlafen, Sexualität

1. Untersucht, für welche Bedürfnisse ihr die Gemeinschaft braucht. Nennt Beispiele. Wofür braucht ihr keine Gemeinschaft? Begründet eure Meinung!

Man lebt nur
wenn man einen anderen
in der Nähe spürt
wenn man jemand kennt
durch den man mehr
im Alltag sieht
wenn man einen hat
mit dem man zum Beispiel
über Wolken
reden kann.

(Hugo Ernst Käufer, deutscher Schriftsteller)

Ohne die anderen könnte ich vielleicht leben, aber nicht auf menschliche Weise.

(Fernando Savater, zeitgenössischer spanischer Philosoph)

2. Haben Hugo Ernst Käufer und Fernando Savater Recht? Begründet eure Meinungen.
3. Zeichnet dazu ein Bild. Braucht ihr einen Menschen, mit dem ihr über die Wolken reden könnt? Warum? Warum nicht?

Menschen sind wie Stachelschweine ...

Gemein

„Denis ist so gemein", schimpfte Tina nach dieser Stunde. „Ich weiß gar nicht, was du hast. Gestern warst du noch so gut gelaunt. Du hast dich so gefreut, dass Denis dich gefragt hat, ob ihr nicht in der Schule zusammensitzen möchtet. Und Frau Lehmann hat es auch noch erlaubt", entgegnete Lydia. „Ja, das war gestern. Aber heute könnte ich ihn auf den Mond schießen. Die ganze Stunde hat er rumgenörgelt, dass ich mich zu dick mache. Richtig laut hat er es gesagt. Ich werde mich wahrscheinlich wegsetzen. Was meinst du dazu?"

1. Was kann Lydia Tina empfehlen? Begründet eure Meinung. Schreibt Tina dazu einen Brief!

Ich will dich heut nicht sehen

Ich will dich heut nicht sehen
und sag dir ins Gesicht:
Ich will dich heut nicht sehen.
Ich mag dich heute nicht.

Ich kann dich heut nicht riechen,
du machst dich nicht beliebt.
Mach bitte eine Fliege,
bevor es Ärger gibt.

Ich möchte heut allein sein
und sag dir ins Gesicht:
Ich hab heut schlechte Laune
und mag mich selber nicht.

Ich will dich heut nicht sehen.
Ich weiß, das klingt gemein.
Doch ich kann heute leider
nicht auf Knopfdruck lustig sein.

Hast du mal schlechte Laune,
dann kann ich dich verstehn.
Und spätestens heut Abend
möcht ich dich wiedersehn.

(Bernhard Lins, östereichischer Schriftsteller)

Berechtigte Forderung

Möcht allein sein, möcht mich verkriechen,
möcht heut keinen sehen, möcht heut
keinen riechen!

Fühle mich, ganz ohne triftigen Grund,
schrecklich weh und irrsinnig wund!

Könnte die Badewanne mit Tränen
vollweinen.
Sinn, mich zu trösten, hat es wirklich
keinen.

Drum lasst mich, bitte, endlich in Ruh
und macht doch die Tür von draußen zu!

(Christine Nöstlinger, östereichische Schriftstellerin)

2. Bestimmt habt ihr schon einmal eine ähnliche Situation erlebt. Erzählt, was dazu geführt hat. Berichtet, wie sich die Situation entspannt hat.
3. Braucht ihr manchmal Zeiten zum Alleinsein? Warum? Warum nicht?

Die Stachelschweine

Eine Gesellschaft Stachelschweine drängte sich an einem kalten Wintertage recht nah zusammen, um sich durch die gegenseitige Wärme vor dem Erfrieren zu schützen. Jedoch bald empfanden sie die gegenseitigen Stacheln, weshalb sie sich dann wieder voneinander entfernten. Wenn nun das Bedürfnis der Erwärmung sie wieder näher zusammenbrachte, wiederholte sich jenes zweite Übel; so dass sie zwischen beiden Leiden hin und her geworfen wurden, bis sie eine mäßige Entfernung voneinander herausgefunden hatten, in der sie es am besten aushalten konnten.

Und diese Entfernung nannten sie Höflichkeit und feine Sitte.

(Arthur Schopenhauer, deutscher Philosoph)*

1. Spielt die Situation der Stachelschweine nach. Welche Gedanken und Gefühle hattet ihr dabei? Seid ihr manchmal auch Stachelschweine? Warum? Warum nicht? Findet Synonyme* für das Verhalten der Stachelschweine.
2. Denkt euch Situationen aus, wie sie im Gleichnis von Schopenhauer dargestellt sind, z. B. einer will schlafen und ein anderer will Musik hören. Spielt diese Situationen nach und findet eine geeignete Lösung für beide.

Ein Ausweis gegen Stacheln

Damit Menschen lernen, ihre Stacheln kleiner werden zu lassen, müssen sie mehr voneinander wissen. Das folgende Projekt „Ausweis" soll euch dabei helfen.

- Erstellt euch einen Pass oder Ausweis, der die Informationen enthält, die andere von euch wissen sollen.
- Schreibt fünf Bedingungen in einen Ausweis, die andere unbedingt berücksichtigen sollten, wenn sie mit euch zusammen sind.

(Nach einer Idee von Marlies Winkelheide)

3. Tauscht den Ausweis mit eurem Nachbarn oder eurer Nachbarin und wertet die aufgestellten Bedingungen aus.
4. Legt eure Ausweise in der Klasse aus und informiert euch gegenseitig über eure Vorlieben und Empfindlichkeiten.
5. Sprecht anschließend darüber, warum es wichtig ist, dass Menschen aufeinander Rücksicht nehmen.

Leben im Bienenstaat?

Selbsthilfe

„Ich bin so unglücklich“, sagte der Hans zur Mutter. „Was soll ich dagegen tun?“ „Versuche es mit guten Taten“, sagte die Mutter. „Tue jeden Tag eine gute Tat!“ „Warum?“, fragte der Hans.
„Weil gut sein glücklich macht“, sagte die Mutter.
„Ich will es versuchen“, murmelte der Hans. Nach drei Tagen erkundigte sich die Mutter, ob es der Hans mit den guten Taten schon versucht habe. „Ja“, rief der Hans. „Und es hat fabelhaft geholfen! Vorvorgestern habe ich mir Schokolade geschenkt! Vorgestern habe ich mir eine Kinokarte gekauft! Gestern habe ich mir eine Geschichte vorgelesen!“ „Du dir selber? Alles du dir selber?“, rief die Mutter entsetzt. „Na sowieso!“, sagte der Hans. „Wer so unglücklich ist wie ich, hat gute Taten wohl am allernötigsten!“
(Christine Nöstlinger, östereichische Schriftstellerin)

1. Wie findet ihr das Verhalten von Hans? Begründet eure Meinung!

Sind Menschen Egoisten?

Der holländische Philosoph Bernard Mandeville schrieb 1705 eine philosophische Fabel mit dem Titel „Die Bienenfabel“. Darin kritisiert er vor allem das Streben nach Luxus und Gewinn.

Philo: Herr Mandeville, wie sollen die Menschen in einer Gemeinschaft zusammenleben?
Mandeville: In meiner Bienenfabel habe ich gezeigt, dass die Menschen Eigenschaften besitzen wie Verschwendung, Neid, Stolz, Putzsucht. Sie betrügen sich, wo sie nur können. Der Mensch will alles für sich besitzen, an andere denkt er nicht. Solche Menschen nennt man Egoisten.
Philo: Aber dann kann man doch gar nicht zusammenleben.
Mandeville: Doch, diese Eigenschaften sind wichtig, weil sie das allgemeine Glück der Gemeinschaft fördern.
Philo: Das verstehe ich nicht.
Mandeville: Nehmen wir zum Beispiel die Verschwendung. Wenn die Menschen den Überfluss lieben, immer wieder das Neuste und Beste haben wollen, produzieren sie sehr viel. Dadurch entstehen Arbeitsplätze. Denk doch an den Luxus, den du auch liebst. Deshalb sage ich am Ende der Bienenfabel: Stolz, Luxus und Betrügerei müssen sein, damit ein Volk gedeiht.

2. Findet Beispiele für egoistisches Handeln und Streben nach Luxus. Diskutiert darüber, ob sie das allgemeine Glück der Gemeinschaft fördern. Achtet dabei auf Begründungen.
3. Welcher Schüler ist besonders egoistisch?
   - Der nie abschreiben lässt?
   - Der immer abschreiben lässt?
   - Der selber abschreibt?
   - Der nur seine Freunde abschreiben lässt?

   Begründet eure Meinung!

Die Strafarbeit

Tom hatte keine Lust, diesen Zaun zu streichen. Er dachte an all die Streiche, die er für heute geplant hatte. Aber er musste diesen Zaun, der 30 Yard lang und neun Fuß hoch war, streichen. Es war eine Strafarbeit, die Tom von Tante Polly bekommen hatte. Er versuchte, Jim mit einer Glaskugel zu bestechen, für ihn den Zaum zu streichen, doch Jim lehnte ab. Er hatte Angst vor Tante Polly. Ben Roger kam die Straße entlang, er sprang, hüpfte.

„Weißt du, ich geh' schwimmen. Kommst du mit? Aber sicher bleibst du lieber bei deiner Arbeit, nicht?"

Tom schaute den Burschen erstaunt an und sagte: „Was nennst du Arbeit?"

„Na, ist das vielleicht keine Arbeit?"

Tom betrachtete seine Malerei und sagte nachlässig: „Na, vielleicht, vielleicht auch nicht, jedenfalls macht es einem gewissen Tom Sawyer Spaß."

„Mensch, du willst doch nicht wirklich behaupten, dass dir das da Spaß macht?!"

„Spaß? Warum soll's denn keinen Spaß machen? Kannst du vielleicht jeden Tag einen Zaun anstreichen?"

Ben erschien die Sache plötzlich in anderem Lichte. Er hörte auf, an seinem Apfel zu knappern. Tom fuhr mit seinem Pinsel bedächtig hin und her, hin und her, hielt an, um sich von der Wirkung zu überzeugen, half hier und da ein bisschen nach, prüfte wieder, während Ben immer aufmerksamer wurde, immer interessierter. Plötzlich sagte er: „Du, Tom, lass mich mal ein bisschen streichen! [...] Ich geb' dir den ganzen Apfel!"

Tom gab mit widerstrebender Miene den Pinsel ab – innerlich frohlockend. Und während der Dampfer „Big Missouri" in der Sonnenhitze arbeitete und schwitzte, saß der Künstler a. D. auf einem Fässchen im Schatten des Zaunes, schlug die Beine übereinander, verzehrte seinen Apfel und grübelte, wie er noch mehr Ahnungslose zu seinem Entsatz anlocken könnte. Opfer genug waren vorhanden. [...]

Und als der Abend hereinbrach, war aus dem armen, verlassenen Tom vom Morgen ein buchstäblich im Reichtum schwimmender Tom geworden.

(Mark Twain, amerikanischer Schriftsteller)*

1. Möchtet ihr Toms Freund sein? Warum? Warum nicht?

Nur Menschen machen sich zu Menschen

Wenn wir die anderen wie Sachen behandeln, erhalten wir von ihnen ebenfalls nur Sachen: Auf Druck geben sie Geld heraus, dienen uns (wie Automaten), gehen weg, kommen herein, berühren uns oder lachen, wenn wir den richtigen Knopf drücken. Aber auf diese Weise geben sie uns niemals die Güter, die nur Menschen geben können. So erhalten wir keine Freundschaft, keinen Respekt und noch viel weniger Liebe. Keine Sache kann uns diese Freundschaft, Achtung, Liebe geben, die man sich nur unter Gleichen gewährt und die uns, die wir Menschen sind, nur die Menschen geben können, die wir als solche behandeln. Das Letztere ist wichtig, weil das bedeutet, dass wir Menschen uns gegenseitig zu Menschen machen.

(Fernando Savater, spanischer Philosoph)

2. Erklärt den Satz, dass sich Menschen gegenseitig zu Menschen machen.
3. Stellt euch vor, es gäbe auf der Welt nur Egoisten. Wie würde das Leben dann aussehen? Schreibt dazu eine Geschichte.
4. Möchtet ihr in einer Gesellschaft von Egoisten leben? Begründet eure Meinung.

Ohne Normen geht es nicht

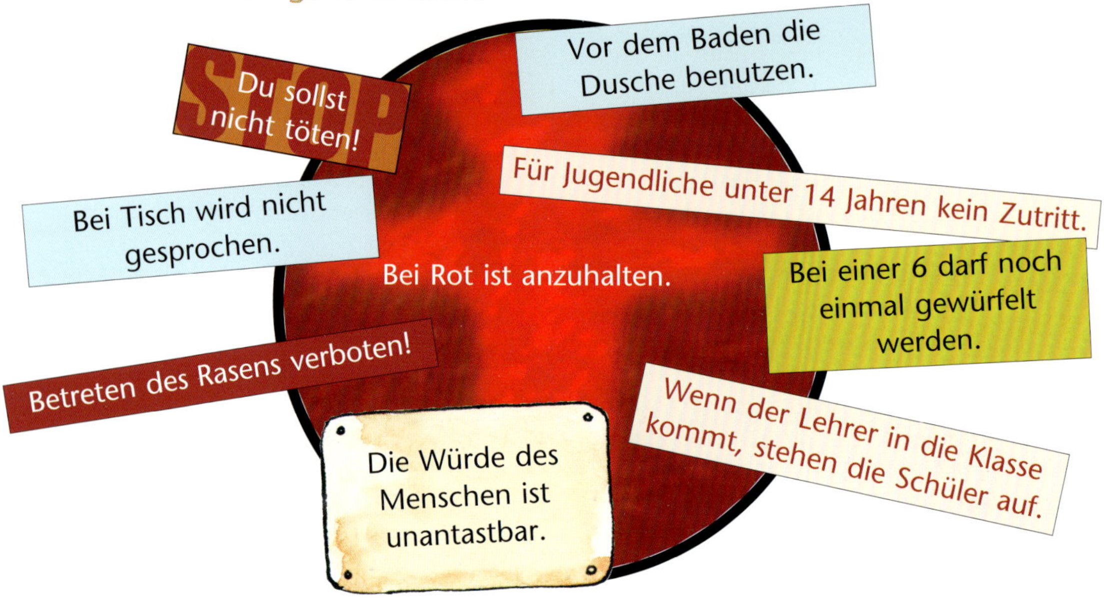

Von der Wiege bis zur Bahre begegnen uns Normen*. Allein im Bürgerlichen Gesetzbuch gibt es 2 385 Paragrafen; in Deutschland sicherlich weit mehr als 10 000 Gebote, Verbote und Gesetze, nach denen wir uns richten sollen. Natürlich kann niemand alle kennen. Ob wir Fußball oder „Mensch ärgere dich nicht“ spielen; mit dem Auto oder Fahrrad im Straßenverkehr unterwegs sind; ob wir zu Hause das Radio auf „volle Pulle“ drehen wollen oder im Freibad vom Dreimeterbrett springen möchten – ständig und überall haben wir Regeln und Vorschriften, Hinweise und Verbote zu beachten, ob uns das nun gefällt oder nicht.

1. Informiert euch über die Begriffe Norm, Regel und Gesetz in einem Lexikon.
2. Sucht nach weiteren Beispielen für Normen, Regeln und Gesetze.
3. Welche Regeln haltet ihr für besonders wichtig? Begründet eure Meinung!

Kindsein ist süß?

Tu dies! Tu das!
Und dieses lass!
Beeil dich doch!
Heb die Füße hoch!
Sitz nicht krumm!
Mein Gott, bist du dumm!
Stopf's nicht in dich rein!
Lass das Singen sein!

Du kannst dich nur mopsen!
Hör auf zu hopsen!
Du machst mich verrückt!
Nie wird sich gebückt!
Schon wieder 'ne Vier!
Hol doch endlich Bier!
Sau dich nicht so ein!
Das schaffst du allein!

Mach dich nicht so breit!
Hab jetzt keine Zeit!
Lass das Geklecker!
Fall mir nicht auf den Wecker!
Mach die Tür leise zu!
Lass mich in Ruh!
Kindsein ist süß?
Kindsein ist mies!

(Susanne Kilian, deutsche Schriftstellerin)

4. Beantwortet die Frage der Überschrift. Begründet eure Meinung!
5. Schreibt fünf Regeln auf, nach denen das Zusammenleben in deiner Familie gestaltet werden sollte.
6. Wenn es keine Gesetze gäbe … Schreibt dazu eine Geschichte.

Die Goldene Regel

Was du nicht willst, dass man dir tut, das füg' auch keinem andern zu.

Handle gegenüber anderen so, wie du von ihnen behandeln sein willst.

Die Goldene Regel gilt bei fast allen Völkern als Maßstab des Zusammenlebens der Menschen. Sie findet sich in den Lehren des chinesischen Philosophen Konfuzius* (Kung-fu-tse), der griechischen Sieben Weisen, in der Thora* und im Neuen Testament.

1. Beurteilt die folgenden Beispiele nach der Goldenen Regel!

- Klaus hat sich das Fahrrad seines Bruders ausgeliehen. Durch eine ungeschickte Bewegung hat er das Kabel zwischen Dynamo und Lampe losgerissen. Er überlegt: Reparieren oder einfach das Fahrrad zurückstellen? Max, der Bruder, bemerkt den Schaden bestimmt nicht sofort.
- Peter bittet Kristin, seine Banknachbarin, ihm kurz ihr Lineal zu leihen; er hat das seine vergessen. Kristin überlegt: Soll ich die Schlamperei unterstützen? Oder soll ich sagen „Das kann jedem passieren" und ihm das Lineal geben?
- Susi ist stolz und lässt sich von niemandem helfen. Petra bittet sie, sie bei der Mathematikaufgabe zu unterstützen.

2. Findet weitere Beispiele, in welchen man die Goldene Regel anwenden kann. Erklärt sie.

3. Haben die Aussprüche etwas mit der Goldenen Regel zu tun?
4. Findet mit eurem Nachbarn Gemeinsamkeiten und Unterschiede heraus.

Unser Klassen-Knigge

1. Beschreibt die beiden Klassenzimmer. Wodurch unterscheiden sie sich?
2. Was ist wichtig, damit ihr gern in eurer Klasse seid?
3. Lasst euch von euren Eltern und Großeltern berichten, welche Regeln und Gebote es in ihrer Schulzeit gab.

Enttäuscht

Petra war von einigen Mitschüler ihrer Klasse enttäuscht. „Sag mal, macht es dir noch Spaß, in unsere Klasse zu gehen? Ich habe gar keine Lust mehr."
Ihre Freundin Miriam antwortete: „Mir geht es auch so. Am meisten ärgert es mich, dass manche glauben, sie können in der Schule machen, was sie wollen."

4. Spielt die Geschichte weiter. Welche Sachverhalte könnten die beiden in ihrer Klasse stören?

Stimmungsbarometer

Petra und Miriam wollten in ihrer Klasse etwas verändern und schlugen deshalb vor, gemeinsam einen Klassenknigge zu entwickeln.

- Zuerst fanden sie heraus, wie sich die anderen in der Klasse fühlen. Dazu fertigten sie ein Plakat an.
- Sie teilten Klebepunkte aus und baten alle Mitschüler und Mitschülerinnen, diese auf das „Stimmungsbarometer" zu kleben. So konnten sie sehen, dass viele ebenso wie sie mit der Klassensituation unzufrieden waren.

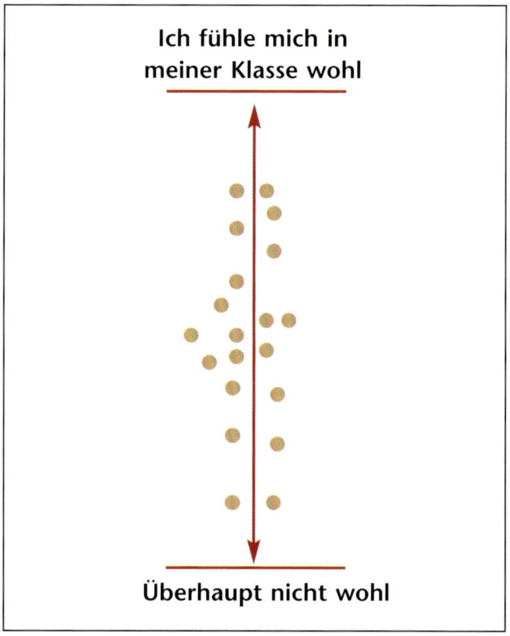

- Danach verteilten sie blaue und rote Kärtchen aus, auf denen standen folgende Fragen:

Was gefällt mir in meiner Klasse?	***Was kann noch verbessert werden?***

- Jeder sollte diese Fragen in Stichpunkten beantworten. Für jede Antwort wurde eine Karte benutzt. Petra und Miriam wiesen darauf hin, dass alle lesbar – maximal drei Zeilen auf eine Karte – schreiben sollten.

- Die Karten wurden eingesammelt, gemischt vorgelesen und an die Tafel geheftet.

- Dann wurde geprüft, welche Aussagen doppelt vorhanden waren. Die wurden dann auf einen Stapel gelegt.

- Nun wurden die Kärtchen nach Problemfeldern zusammengefasst. Petra nannte es Haufen, der Fachbegriff ist Cluster.
  Erst wenn alle der Meinung waren, dass die jeweilige Antwort zu dieser Gruppe gehört, wurde sie zu diesem Bereich geheftet.

- Die Haufen bekamen Nummern und wurden mit Oberbegriffen versehen.

Ordnung/ Sauberkeit	***Jungen/ Mädchen***	***Arbeit im Unterricht***

- Jetzt wurden Überschriften für die Haufen gesucht.

- In Gruppenarbeit wurden nun erarbeitet, welche Regeln und Gebote wichtig sind.
  Die Formulierungen wurden aufgeschrieben und der ganzen Klasse zur Diskussion vorgetragen.

- Danach hatten die Gruppen die Aufgabe, ihre Ergebnisse auf einem Lernposter zusammenzustellen.

- Diese Lernposter hängten sie im Klassenzimmer auf, so dass sie von allen, Schülern, Lehrern und Eltern, zu sehen waren.

1. Die Klasse von Petra und Miriam benutzte die Moderationsmethode, um ihren Klassenknigge zu erstellen. Diskutiert die Vor- und Nachteile dieser Methode.

Gestaltet selbst einen Klassenknigge. Erstellt dafür einen Arbeits- und Zeitplan:
- Wer ist für welche Aufgabe verantwortlich?
- Welche Materialien brauchen wir?
- Wie viel Zeit brauchen wir?
- Wie sollen die Ergebnisse präsentiert werden?

Schreibt eine Checkliste: Wer erledigt was, wann und wo?

Kinder haben Rechte

Ein neues Gesetz

Es war einmal ein herzensguter König, der beschenkte jedes Jahr zu seinem Geburtstag seine Untertanen mit großen Reichtümern. Ein Jahr kamen alle Männer dran, ein Jahr alle Frauen, ein Jahr alle Kinder. Als wieder einmal die Kinder an der Reihe waren, wollte er für jedes Kind ein BMX-Rad kaufen. Doch sein Finanzminister sagte: „Chef, heuer geht's nicht! Die Kasse ist komplett leer!“ Da fing der König zu weinen an. Aber sein Sohn sagte zu ihm: „Hör zu heulen auf, Papa. Schenk den Kindern eben etwas, was kein Geld kostet!“
„So was gibt's doch nicht!“, schluchzte der König.
„Doch!“, sagte der Sohn. „Schenk ihnen ein Gesetz!“

(Christine Nöstlinger, östereichische Schriftstellerin)

1. Was für ein Gesetz sollte der König erlassen? Begründet eure Vorschläge.

Die Vereinten Nationen haben hat 1989 in der UN-Kinderrechtskonvention die Kinderrechte festgelegt. Sie gelten für alle Menschen unter 18 Jahren gleichermaßen. In dieser Konvention, die in Deutschland seit 1992 in Kraft ist, stehen insgesamt 54 wichtige Artikel, die die Rechte des Kindes genau bestimmen.

2. Informiert euch im Internet unter www.unicef.de und schreibt zehn wichtige Kinderrechte in euer Heft.

Wer ist Anaeli?
Anaeli hat kein Zuhause
Anaeli hat kein Bett
Anaeli ist allein
Anaeli ist klein
Anaeli hat Hunger
Anaeli friert
Anaeli hat Angst
Anaeli hat Wunden
Anaeli hat Schmerzen

Wer passt auf Anaeli auf?
Wer gibt Anaeli zu essen?
Wer bringt Anaeli zum Arzt?
Wer tröstet Anaeli?
Wer schickt Anaeli in die Schule?
Wer nimmt Anaeli in den Arm?

Die Leute sagen:
Straßenkinder sind schmutzig
sind kleine Diebe
sie stinken und sind faul
sie sind Abfall, zu nichts zu gebrauchen
du kannst mit ihnen machen, was du willst!
kein Hahn kräht nach ihnen

Anaeli ist allein!

(Nasrin Siege, iranische Schriftstellerin)

3. Gegen welche Kinderrechte wird verstoßen?
4. Was wünscht ihr euch für die Kinder dieser Welt? Fertigt dazu ein Plakat an, schreibt ein Gedicht oder eine Erzählung zu den Kinderrechten.
5. Ihr könnt eure Ergebnisse in einem Buch oder einem Kalender zusammenfassen.

Kinderrechte in Deutschland

Sexueller Missbrauch

Von sexuellem Missbrauch spricht man, wenn ein Erwachsener mit Mädchen oder Jungen Dinge tut, die die Kinder nicht wollen: wenn er zum Beispiel Fotos oder Videos macht, auf denen die Kinder nackt zu sehen sind und er diese Fotos und Videos dann verkauft; wenn er zum Beispiel ihre Geschlechtsteile anfasst oder sie bittet, an seinem Penis zu spielen. Wenn er Kinder gegen ihren Willen mitnimmt, sie entführt und sie zwingt, mit ihm oder mit anderen Personen Sex zu haben.

Es gibt Erwachsene, die tun solche Dinge, weil sie damit Geld verdienen können. Es ist ihnen egal, dass diese Dinge verboten sind und sie damit Kindern großen Schaden zufügen.

Diese Erwachsenen sind kriminell. Sie müssen bestraft werden, damit sie so etwas nie wieder mit anderen Kindern tun.

Alle Staaten, die die Kinderrechtskonvention unterschrieben haben, wollen Kinder vor sexuellem Missbrauch und sexueller Ausbeutung schützen, auch dann, wenn die Eltern die Täter sind. Es ist verboten, Kinder zu entführen, zu verkaufen oder mit ihnen zu handeln. Überhaupt ist alles verboten, was Kindern körperlich oder geistig Gewalt zufügt (Art. 11, 19, 34, 35). Ganz eindeutig und streng ist das deutsche Gesetz bei sexuellem Missbrauch und bei Gewalt gegen Kinder.

Damit ihr aber geschützt seid und die Täter bestraft werden können, müsst ihr darüber sprechen, wenn euch so etwas passiert ist oder wenn ihr das Gefühl habt: Was da mit mir gemacht wird, ist nicht in Ordnung.

Kinder sind nie schuld, wenn sie sexuell missbraucht werden. Sprecht mit einem Freund oder einer Freundin, mit den Eltern, mit einem Lehrer oder mit einem Menschen, dem ihr vertraut. Wenn es ganz schlimm ist, dann könnt ihr euch ans Jugendamt und an die Polizei wenden.

(Benno Schick, deutscher Anwalt und Journalist/ Andrea Kwasniok, deutsche Journalistin)

1. Informiert euch bei eurem Beratungslehrer/lehrerin, welche Möglichkeiten es gibt, Kinder vor sexuellem Missbrauch zu schützen.
2. Vereinbart eine Informationsveranstaltung zum Thema „Sexueller Missbrauch" mit einem Mitarbeiter/einer Mitarbeiterin des Deutschen Kinderschutzbundes.

Mitsprache bei politischen Entscheidungen?

Gutstadt braucht einen neuen Parkplatz, der innerhalb des Zentrums liegt. Dort gehört der Stadt ein Stück Land. Doch vor zehn Jahren wurde ein Spielplatz an dieser Stelle errichtet.

3. Sollten sich die Kinder der Stadt einmischen? Begründet eure Entscheidung!
4. Welche Möglichkeiten haben sie?
5. Informiert euch, ob es in eurer Stadt bzw. eurem Ort ein Jugendparlament gibt. Berichtet über dessen Arbeit in der Klasse!
6. Entwickelt in Gruppen eure Traumstadt, in der Kinderrechte vorbildlich verwirklicht sind. Dazu könnt ihr die Methode Zukunftswerkstatt benutzen. Hängt eure Kinderstädte im Schulhaus aus.

Kinderarbeit – kein Kinderspiel

Nichts als Brot und Prügel

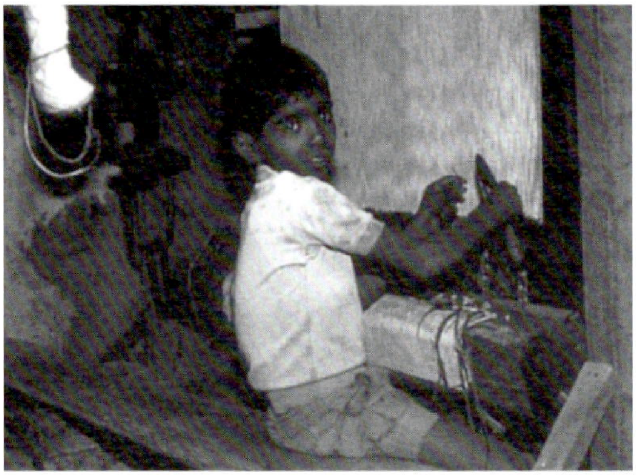

Mohan war gerade sechs, als die fremden Männer nach Bihar kamen. Seine Eltern arbeiteten auf dem Feld, und er spielte. Die Besucher versprachen seinem Vater, sein Sohn würde es besser haben, er dürfe lernen, Filme schauen und bekäme sogar neue Kleider. Und er würde Geld verdienen. Zum Beweis gaben sie der Familie 500 Rupien, etwa zwei Euro. Dann nahmen sie den Jungen mit. „Die ersten drei Tage habe ich gutes Essen bekommen“, erinnert sich Mohan genau, und auch daran, dass es danach nur noch Chapati gab, Brot. Geld bekam er keins. Sie sperrten ihn und 20 andere Jungen in einen Raum mit Webstühlen. Nur mit bewaffneter Wache durfte er nach draußen zum Wasserlassen. Wenn der Hahn krähte, mussten die Kinder aufstehen und knüpfen. Bis es dämmerte. Dann konnten die Jungen nicht mehr sehen, das angestrengte Starren auf die Knoten hatte ihre Augen nachtblind werden lassen. Sie schliefen neben den Webstühlen. „Ich habe mich manchmal beim Knüpfen geschnitten. Wenn ich weinte, haben sie mich mit einer Rute geschlagen“, sagt Mohan und schaut auf seine vernarbten Hände.

(Petra Pinzler, deutsche Journalistin)

Die Hände von Andrés

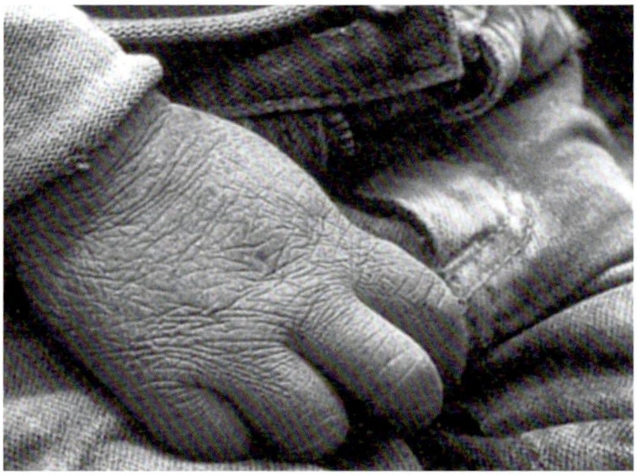

Hier sind wir nicht in der City von Bogotá, auf der Avenida Caracas mit ihren eleganten Geschäften. Wir sind im Armenviertel Fiscela, am Rande der kolumbianischen Hauptstadt, mitten im Nichts, wo sich das entbehrungsreiche Dasein von Kindern im Lehm abspielt.

Die Herstellung von Ziegeln ist ein traditionelles Handwerk. Auch hier werden alle zur Arbeit herangezogen. Von der Großmutter bis zum Kleinkind. Andrés ist fünf Jahre alt. Seit einem Jahr schon unter dem Joch des Lehms. Mit seinen acht- bis zehnjährigen Schwestern Mariela, Francesca und Sandra hackt und gräbt er und transportiert den ockerfarbenen Lehm für seinen besitzlosen Vater. Der hat das Gelände teuer gepachtet und verkauft praktisch für einen Hungerlohn die Ziegel, von denen jeder Einzelne durch die Hände eines seiner Kinder gegangen ist. Die Hände von Andrés.

(Marie Dorigny, schweizerische Schriftstellerin/ Sorj Chalandon, tunesische Schriftstellerin)

1. Gegen welche Rechte wird in diesen Berichten verstoßen?
2. Warum müssen Kinder auf diese Weise arbeiten? Nennt alle Gründe, die euch einfallen.
3. Könnt ihr euch vorstellen, welche Wünsche Kinder haben, die schwer arbeiten? Malt sie gemeinsam auf eine Tapetenrolle.

Kinder schuften überall

Sesamring-Verkäufer
Einige Kinder sind Schuhputzer
von morgens bis abends.
Einige sind Sesamring-Verkäufer
auf den Straßen.
Einige sind Schneiderhelfer,
in Schweiß gebadet bei der Arbeit.
Einige sind Teppichweber,
auch wenn sie krank sind.
Einige sind verkauft worden
für die Lust einiger Leute.
Welche sind Obstpflücker
in heißen Obstfeldern.
Einige sind im Krieg,
können gar nicht spielen.
Einige Kinder sind gestorben,
denn sie hatten nichts zu essen.
Einige haben von allem zu viel.

(Nazif Telek, kurdischer Schriftsteller)

1. Äußert eure Gedanken und Gefühle zu dem Gedicht und den Fotos.
2. Schreibt auf, welche Begriffe ihr mit Kinderarbeit verbindet.
3. Überlegt, in welchen Waren, die wir in Deutschland kaufen, Kinderarbeit stecken kann.

211 Millionen Kinder unter 15 Jahren müssen weltweit arbeiten; 186 Millionen dieser Kinder schuften unter schwersten Bedingungen und werden rücksichtslos ausgebeutet. Die größte Verbreitung hat Kinderarbeit in Afrika südlich der Sahara. Hier arbeitet fast jedes dritte Kind (29 Prozent). In Asien ist es jedes fünfte Kind (19 Prozent), in Lateinamerika jedes sechste Kind (16 Prozent). Zum Vergleich: In den Industriestaaten arbeitet jedes 50. Kind.

4. Informiert euch bei Terre des hommes Deutschland e. V. (www.tdh.de) und Plan International Deutschland e. V. (www.plan-deutschland.de) über Programme gegen Kinderarbeit.
5. Was könnt ihr gegen Kinderarbeit in anderen Ländern tun?

Kinderarbeit in Deutschland?

Nach dem Jugendarbeitsschutzgesetz ist die Beschäftigung von Kindern unter 14 Jahren grundsätzlich verboten. Ausnahmen gibt es für Kinder ab 13. Diese dürfen, wenn die Eltern zustimmen, in der Landwirtschaft drei Stunden mithelfen, bis zu zwei Stunden täglich Zeitungen austragen und beim Sport bis zu zwei Stunden täglich mit Handreichungen beschäftigt werden, soweit die Beschäftigung leicht und für Kinder geeignet ist. Kinder über 15 Jahre dürfen nicht mehr als 8 Stunden täglich und nicht mehr als 40 Stunden wöchentlich beschäftigt werden.

6. Aus welchen Gründen arbeiten Jugendliche in Deutschland?
7. Sollen Kinder ihr selbst verdientes Geld zu Hause abgeben? Sprecht darüber in Kleingruppen.

Wenn Eltern Kinder schlagen ...

Die Ohrfeige

Ein Büblein klagte seiner Mutter: „Der Vater hat mir eine Ohrfeige gegeben." Der Vater aber kam dazu und sagte: „Lügst du wieder? Willst du noch eine?"

(Johann Peter Hebel, schweizerischer Schriftsteller und Theologe)

1. Spielt die kleine Szene als Stegreifspiel. Wie könnte sie weitergehen? Schreibt für diese Geschichte eine Einleitung.

Kleine Frage

Glaubst du
du bist noch zu klein
um große
Fragen zu stellen?

Dann kriegen
die Großen
dich klein
noch bevor
du groß
genug bist

(Erich Fried, österreichischer Schriftsteller)

Der geborene Versager

Vater: Entscheide selbst: Willst du Hiebe
oder dreiwöchigen Entzug von Liebe?
Kind: Komm mir doch nicht gar so grob,
spendier mir lieber ein wenig Lob.
Vater: Dreimal verdammt soll ich sein,
fiel mir an dir was zum Loben ein!
Du baust ja immer nur Riesenmist,
weil du der geborne Versager bist!
Kind: ...

(Christine Nöstlinger, österreichische Schriftstellerin)

2. Setzt den Dialog in einem Rollenspiel fort.
3. Sollten Prügel für Kinder gesetzlich verboten werden? Führt darüber ein Streitgespräch.

Nur gestoßen?

Tanja ist neu in der Klasse. Sie fehlt sehr oft unentschuldigt, ihre Schulsachen sind nicht vollständig, sie macht fast nie Hausaufgaben. Außerdem ist sie sehr ungepflegt. Sie hat keine Freunde in ihrer Klasse. Susi, einer Mitschülerin, tut Tanja Leid.

Sie fragt ihre Eltern, ob sie Tanja zu ihrem Geburtstag einladen darf. Zur Feier des Tages besucht das Geburtstagskind mit seinen Gästen das Hallenbad. Die 17-jährige Schwester Claudia kümmert sich darum. Für Tanja nehmen sie vorsorglich einen Badeanzug und ein Handtuch mit.

Beim Schwimmbadbesuch fällt Claudia auf, dass Tanja auf dem Rücken und im Nackenbereich mehrere blaue Flecken und rote Striemen hat. Einige davon sind entzündet. Auch auf den Oberschenkeln sieht sie ähnliche schlimme Verletzungen.

Nach dem Schwimmen nimmt Claudia Tanja beiseite und fragt sie, wo die schlimmen Verletzungen herkommen. Tanja sagt: „Och, das ist doch nichts Schlimmes, da hab ich mich irgendwo gestoßen."

4. Was sollte Claudia eurer Meinung nach tun?

Falls ihr Genaueres über die Einstellung der Bevölkerung zum Thema Kindesmisshandlung erfahren möchtet, könnt ihr unter Anleitung eurer Lehrerin/eures Lehrers Interviews durchführen.

Du kannst nicht Verantwortung für deine Eltern übernehmen

Wenn deine Eltern gewalttätig sind, dann hat das nichts mit dir zu tun. Es liegt nicht daran, dass du so schlecht oder frech oder böse bist oder was immer sie sagen, um sich zu rechtfertigen. Wer gewalttätig ist und seine Kinder angreift, kommt mit seinem eigenen Leben nicht zurecht und braucht Hilfe von außen, nicht von dir. Deine Verantwortung ist es, dich gut um dich selbst zu kümmern und dir selbst Hilfe zu holen.

Ich wünsche mir von meinen Eltern:

1. Nehmt euch Zeit für mich, weil ich euch brauche.
2. Seid aufrichtig.
3. Nehmt mich ernst.
4. Setzt feste Regeln für unser Zusammensein.
5. Helft mir, mich eigenständig zu entwickeln.
6. Erzieht mich, indem ihr mit mir lebt.
7. Lehrt mich, diese Welt zu achten und zu lieben.

(Nach PZ [„Politische Zeitschrift"] Nr. 50)

Kinder- und Jugendnotdienst für das Wohl der Kinder

K&JND

1. Welche Möglichkeiten kennt ihr, um Unterstützung zu holen, wenn Kinder schlecht behandelt werden?
2. Schreibt einen Wunschzettel an eure Eltern!
3. Diskutiert darüber, was ein Kind braucht, um sich wohl zu fühlen.
4. Informiert euch über die Hilfe des Kinder- und Jugendnotdienstes. Organisiert dazu eine Gesprächsrunde mit Mitarbeiterinnen und Mitarbeitern dieses Notdienstes. Die Telefonnummer findet ihr im Telefonbuch.

7. Demokratie in der Schule

Lust auf Lernen?

Etwas lernen und mit der Zeit darin immer geübter werden, ist das nicht auch eine Freude?
(Konfuzius, chinesischer Philosoph)

1. Welche Aussagen treffen auch auf euch zu? Begründet eure Antwort.
2. Unterbreitet Vorschläge, wie man die dargestellten Probleme lösen kann. Diskutiert darüber in kleinen Gruppen.
3. Organisiert eine Ausstellung zum Thema „Lernschwierigkeiten". Ihr könnt z. B. Zeichnungen, Gedichte oder Dialoge benutzen. Eurer Fantasie sind keine Grenzen gesetzt.
4. Was möchte Konfuzius mit seinem Aphorismus sagen? Diskutiert darüber in der Klasse.

Rechte und Pflichten von Schülerinnen und Schülern

Das Recht auf Schule

Oben: afghanische Kinder beim Unterricht
Unten: Lebensmittelverteilung in einer Schule

Die Kinderhilfsorganisation der Vereinten Nationen UNICEF hilft in vielen Staaten der Welt beim Aufbau von Schulen.

Erster Schultag in Afghanistan, das war nach dem erfolgreichen Start vieler Schulen 2002 erneut eine enorme Herausforderung.
UNICEF brachte dafür in den vergangenen Monaten rund 3 200 Tonnen Schulmaterial mit sieben Transportflugzeugen vom UNICEF-Versorgungszentrum in Kopenhagen nach Afghanistan. Darunter waren auch 6 500 „Schulen in der Kiste" – Koffer mit Heften, Stiften und weiterer Ausstattung für jeweils 80 Schüler. Sie sind für die besonders entlegenen Regionen bestimmt, in denen es bislang noch immer keinen Unterricht gab.

Als nach dem Krieg Millionen Kinder, insbesondere die Mädchen unter ihnen, erstmals zur Schule gehen konnten, war der Andrang kaum zu bewältigen. Viel mehr Kinder als erwartet drängten 2002 in die Schulen. Inzwischen half UNICEF beim Aufbau eines Logistikzentrums in Kabul, um Kinder in allen Landesteilen mit Schulmaterialien versorgen zu können. In den einzelnen Provinzen wurden zusätzliche Verteilpunkte eingerichtet. Nach drei Millionen im Vorjahr stieg die Zahl der angemeldeten Kinder im Frühjahr 2003 auf 4,5 Millionen ...

UNICEF will besonders die Mädchen zum Schulbesuch ermutigen. Im vergangenen Jahr betraten auch viele Ältere unter ihnen zum ersten Mal in ihrem Leben einen Klassenraum, denn die Taliban* hatten Mädchen den Schulbesuch verboten. Jetzt liegt der Mädchenanteil schon bei rund einem Drittel der afghanischen Schüler – damit höher als je zuvor.

(UNICEF Deutschland)

1. Informiert euch über die Situation in Afghanistan.
2. Welche Gefühle haben die Kinder bewegt, als sie endlich in die Schule gehen durften? Was meint ihr?
3. Stellt euch vor, ihr dürftet nicht mehr in die Schule gehen. Wie würde sich euer Leben verändern?
4. Nach Artikel 28 der UN-Kinderrechtskonvention hat jedes Kind auf der Welt das Recht auf Bildung. Warum ist das Recht auf Bildung von großer Bedeutung?
5. Lest hierzu noch einmal die Seite 82 zum Thema „Kinder haben Rechte".
   Haben Kinder auch Pflichten? Begründet eure Meinung.

Zwei schwierige Begriffe

Das Wort *Recht* wird in der Umgangssprache häufig verwendet. Es besagt, dass jemandem etwas zusteht, dass er einen Anspruch auf etwas hat. Kinder haben z. B. den Anspruch auf die Fürsorge der Eltern. Das Wort Recht hat aber auch etwas mit dem Wort Gerechtigkeit zu tun, und Gerechtigkeit bedeutet auch Gleichheit. So muss ein Staat alle Bürgerinnen und Bürger gleich behandeln und Gesetze festlegen, die diese Gleichbehandlung garantieren: z. B. das Recht auf ein menschenwürdiges Leben oder das Recht auf Gesundheitsfürsorge.

1. Welche Rechte würdet ihr außerdem für alle Menschen festlegen?

Das Wort *Pflicht* hängt eng mit dem Wort Recht zusammen. Pflichten beinhalten Forderungen. Jemand soll etwas tun, das nicht nur ihm, sondern auch anderen Menschen nützt. So haben beispielsweise Eltern die Pflicht, sich um ihre Kinder zu kümmern.

Die folgenden Pflichten hat eine Schulklasse in Bautzen aufgestellt:

2. Müssen sich Schülerinnen und Schüler an die aufgeführten Pflichten halten? Warum? Warum nicht?
3. Welche weiteren Pflichten für Schülerinnen und Schüler gibt es?
4. Stellt euch vor, Schüler hätten keine Pflichten. Wie sähe der Schulalltag aus? Denkt euch dazu eine Geschichte aus.

Wir brauchen einen Schülerrat

Buddis Anhang

Im 7. Schuljahr kam Buddi in die Klasse. Er war schon 14, ein Jahr älter als Roland. Es dauerte nur ein paar Tage, dann hatte Buddi klargemacht, wessen Kommando von jetzt ab galt. Die Klasse teilte sich in den Buddi-Anhang und diejenigen, die – wie Roland – gern zu diesem Anhang gehört hätten.

Außerdem gab es ein paar Schüler, die sich nicht für Buddi interessierten. Aber das waren Einzelgänger, die sowieso nicht zählten.

Beim Sport in eine Mannschaft mit Buddi gewählt zu werden, war eine Auszeichnung. Buddis Mannschaft gewann jedesmal. Einmal hätte sich Buddi beim Fußball beinahe Roland als Torwart geholt, aber Martin Hanschke sagte schnell: „Nee, den nicht!" und Buddi rief Torsten auf, obwohl jeder wusste, dass Torsten überhaupt keinen Ball halten konnte.

Roland lud Buddi zu seinem Geburtstag ein. Aber Buddi konnte leider nicht kommen, weil Uwe Nicolai an demselben Tag Geburtstag hatte.

(Ann Ladiges, deutsche Schriftstellerin)

1. Gibt es in eurer Klasse auch Cliquen? Was gefällt euch daran und was nicht?
2. Was macht ihr, wenn bestimmte Schülerinnen und Schüler andere ausgrenzen?
3. Wie verhaltet ihr euch, wenn Mitglieder einer Clique Jugendliche einschüchtern wollen oder ihnen Gewalt antun?

Welche Aufgabe hat unser Schülerrat?

Der Schülerrat soll …

- zwischen Lehrern und Schülern vermitteln

- Streitigkeiten unter Schülern schlichten

1. Welche Aufgaben hat der Schülerrat noch? Erstellt dazu gemeinsam ein Tafelbild.
2. Ist ein Schülerrat sinnvoll oder nicht sinnvoll? Begründet dazu eure Antwort.
3. Leistet der Schülerrat an eurer Schule gute Arbeit? Warum? Warum nicht?
4. Was könnte an seiner Arbeit verbessert werden?

- Ladet den Schulsprecher/die Schulsprecherin zu euch in die Klasse ein. Befragt ihn/sie über seine/ihre Aufgaben.
- Fragt auch, was er oder sie im Falle von Gewalt und Mobbing unter Schülerinnen und Schülern machen könnte. Lest hierzu auch die Seiten 100/101.

Mit Misserfolgen umgehen lernen

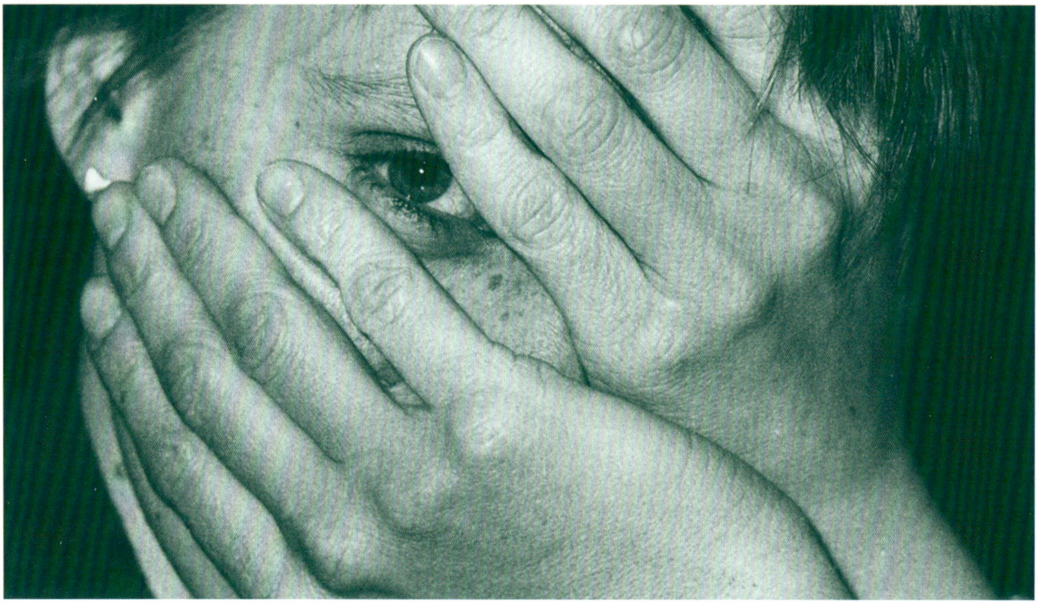

1. Warum versuchen wir oft, unsere Misserfolge zu verstecken?
2. Kennt ihr ähnliche Situationen, in denen ihr euch am liebsten verkriechen möchtet? Tauscht darüber in der Klasse Erfahrungen aus.

Englisch-Vokabeln

Jessica hatte jeden Nachmittag für die Englischarbeit geübt. Dafür verzichtete sie sogar auf das Leichathletiktraining, was ihr sehr schwer fiel. Auch ihre Freundin Annette hatte sie lange nicht gesehen, obwohl sie Lust verspürte, mit ihr mal wieder gemeinsam Musik zu hören.
Dann kam der Tag der Entscheidung. Mit Grausen bemerkte Jessica schon bei der ersten Aufgabe, dass sie vergessen hatte, die Vokabeln aus der vorletzten Lektion zu wiederholen. Sie hatte nur die Wörter aus der neuen Lektion gelernt, und ausgerechnet die kamen nicht dran. So ein Mist, dachte sie im Stillen und gab enttäuscht die Arbeit ab.
Nach einer Woche erhielt sie die Englischarbeit zurück. Darunter stand eine dicke Fünf. Und außerdem musste sie sich noch von der Lehrerin anhören, dass sie doch mal wieder Vokabeln lernen sollte. Jessica lief mit Tränen in den Augen nach Hause und schloss sich in ihrem Zimmer ein.

3. Welchen Rat sollte Annette ihrer Freundin Jessica geben? Sammelt dazu Vorschläge an der Tafel und sprecht anschließend in der Klasse darüber.
4. Schreibt die Geschichte weiter. Beginnt mit den Worten: Doch plötzlich … Lest euch dann euren Schluss der Geschichte gegenseitig vor.
5. Führt ein sokratisches Gespräch darüber, wie ihr mit Misserfolgen in der Schule oder zu Hause umgehen wollt. Lest hierzu auch noch einmal den Dialog „Der geborene Versager" auf der Seite 86.
6. Vergleicht Jessicas Geschichte mit der von Sebastian auf der Seite 107.

Zwei Begriffe, die sich streiten

1. Sucht weitere Beispiele, mit denen sich diese Begriffe klären lassen.
2. Könntet ihr euch vorstellen, im Leben immer nur Erfolg zu haben? Warum? Warum nicht?
3. Haben Misserfolge auch etwas Positives? Begründet euren Standpunkt.
4. Was könnte Jessica Positives aus ihrem Misserfolg in der Englischarbeit mitnehmen?

Das grundlegende Prinzip

Der chinesische Philosoph Konfuzius* lebte ungefähr vor 2 500 Jahren. Er gründete die erste philosophische Schule und war auch der erste frei schaffende Philosophielehrer Chinas, der von den Einkünften aus seinem Unterricht lebte. Konfuzius hat keine eigenen Bücher geschrieben. Seine Schüler überlieferten aber zahlreiche Gespräche, die in dem Buch „Lyn-yu" zusammen gefasst wurden. Aus diesem Buch stammt auch der folgende Rat des Konfuzius.
Ein Prinzip ist übrigens so etwas wie eine allgemeine Handlungsregel.

Konfuzius sagte zu dem Schüler Zi-gong: „Du hältst mich wohl für einen, der vielerlei gelernt und im Gedächtnis behalten hat?"
Zi-Gong antwortete: „Ist es denn nicht so?"
Doch der Meister entgegnete: „Nein, das trifft nicht zu. Ich habe ein grundlegendes Prinzip, einem Faden vergleichbar, auf dem ich alles aufreihen kann.

5. Welches Prinzip könnte das sein?
   Formuliert selbst ein Prinzip, wie ein kluger Mensch mit Misserfolgen umgehen sollte. Lest euch dann die Prinzipien gegenseitig vor und sucht das überzeugendste aus.

Lesetipp

Wenn ihr mehr über Konfuzius wissen wollt, dann lest nach in: Kleines Lexikon großer Philosophinnen und Philosophen, Militzke, Leipzig 2004.

Gerechtigkeit in der Schule

Bereits vor 2 400 Jahren stellten sich Philosophen in Griechenland die Frage: Was ist Gerechtigkeit? Unter der Gerechtigkeit versteht der Philosoph Aristoteles* zunächst die Gleichheit eines jeden vor dem Gesetz: Alle müssen demnach staatliche Gesetze einhalten, um gleiche Lebensverhältnisse herzustellen.
Aristoteles beschreibt nun zwei Formen der Gerechtigkeit, die beide in einer unterschiedlichen Beziehung zur Gleichheit stehen. So prägt er die Begriffe der

-> ausgleichenden Gerechtigkeit und der
-> austeilenden Gerechtigkeit.

Wenn Menschen gegen Gesetze verstoßen, indem sie z. B. Diebstahl begehen, werden sie auf der gleichen gesetzlichen Grundlage bestraft. Die Strafe dient als Ausgleich des angerichteten Schadens, weil ein begegangenes Unrecht wieder gutgemacht wird. Dabei spielen Bildung, berufliche Leistung sowie gesellschaftliche Stellung keine Rolle. Deshalb nennt Aristoteles dieses auch ausgleichende Gerechtigkeit.
Die austeilende Gerechtigkeit berücksichtigt dagegen bestimmte Ungleichheiten. Damit meint Aristoteles: „Jedem das Seine, aber nicht das Gleiche." Die Menschen unterscheiden sich in ihrer gesamten Lebenssituation, was schon an den verschiedenen Berufen zu erkennen ist. Hier gilt es zu prüfen, ob z. B. das erworbene Einkommen der Bürger gerecht verteilt worden ist.
Der Staat muss darüber hinaus dafür sorgen, dass Bedürftige besonders unterstützt werden, damit auch sie ein gutes Leben führen können. Bestehendes Unrecht wird so wieder gutgemacht.

1. Findet weitere Beispiele für die ausgleichende und austeilende Gerechtigkeit.
2. Stellt euch eine Welt vor, in der die Menschen in völliger Gleichheit leben. Alle haben z. B. die gleiche Schulausbildung und verdienen das gleiche Gehalt. Würdet ihr gern in dieser Welt leben? Warum? Warum nicht?
3. Die Gerechtigkeit muss wie das Mädchen auf dem Bild versuchen, das Gleichgewicht oder die Balance zu halten. Wie ist das zu verstehen?

Franziska Frey

Eine gerechte Entscheidung?

Seit einigen Jahren organisiert der Schulverein der Albert-Einstein-Schule Schülerfahrten in die USA. Dieses Schuljahr stehen genügend Spendengelder zur Verfügung, um einem geeigneten Schüler diese Sprachreise zu finanzieren. Deshalb erhält die Schülervertretung die Aufgabe, ein Mädchen oder einen Jungen vorzuschlagen.
Nach einem ersten Auswahlverfahren stehen folgende Kandidaten zur Diskussion:

1. Björn, Schüler der Klasse 6b, kann seit der ersten Klasse aufgrund seiner sehr guten Auffassungsgabe auf hervorragende Lernergebnisse verweisen. Regelmäßig fertigt er seine Hausaufgaben an und arbeitet auch hier mit der gleichen Gründlichkeit wie in der Schule. In den Unterrichtsstunden meldet sich Björn sehr häufig; er ist über viele aktuelle Themen informiert und kann gut diskutieren.

2. Florian, Schüler der Klasse 7c, war fünf Monate krank und schaffte mit großem Fleiß trotzdem knapp die Versetzung. Er organisierte sich selbst die Nachhilfe über einen älteren Schüler und bezahlte diesen mit Hilfe seines Taschengeldes. Lange Zeit musste er auf viele Freizeitaktivitäten verzichten, um die großen Wissenslücken schließen zu können.

3. Anne-Katrin, Schülerin der Klasse 8a, bereitete in ihrer Freizeit eine große Schülermesse vor, die auch viele Gäste besuchten. Sie ist eine gute bis durchschnittliche Schülerin, die über viel Organisationstalent verfügt. Mit Freude leitete Anne-Katrin über ein halbes Jahr eine Kommission und kontrollierte alles von der Planung bis zur Durchführung. Die Tageszeitung veröffentlichte dazu einen Artikel und lobte ihre Initiative.

4. Isabelle, Schülerin der Klasse 7a, interessiert sich besonders für die englische Sprache und möchte später Dolmetscherin werden. Sie sammelt seit der ersten Klasse Reiseberichte über die USA und besucht auch Veranstaltungen außerhalb der Schule, in denen andere Länder vorgestellt werden. Zum Geburtstag lässt sich Isabelle häufig Bücher über Amerika schenken, so dass sie schon sehr viel über diese Länder weiß.

1. Organisiert in Form eines Rollenspiels eine Schülervertreterkonferenz und trefft eine begründete Entscheidung, wer diese Reise erhalten soll.
2. Ist es schwer, eine gerechte Entscheidung zu treffen? Warum? Warum nicht?

Ich fühle mich ungerecht behandelt

Die Ohrfeige

Nassera Chohra wuchs als Tochter farbiger Einwanderer in Südfrankreich auf. In dem Buch „Ich wollte nicht mehr schwarz sein" berichtet sie über ihre Erlebnisse und Erfahrungen als Schülerin.

Eines Tages, während einer seiner unsagbar langweiligen Unterrichtsstunden, schaute ich gerade aus dem Fenster: Es war ein kalter und windiger Tag, und im Innenhof flogen die Blätter von dem einzigen Baum unablässig hin und her. Es war ein wunderschönes Schauspiel. Ich war ganz davon gefangen genommen. Plötzlich fühlte ich mich beobachtet, alle meine Klassenkameraden schauten zu mir her, und der Lehrer sah mich streng an: „Was ist, willst du jetzt antworten, ja oder nein?" Ich wusste noch nicht einmal, von was die Rede war. Er wurde immer wütender: „Was soll das, du willst dich wohl über mich lustig machen?" „Entschuldigen Sie bitte, Herr Lehrer, könnten Sie vielleicht die Frage wiederholen?"

Alle anderen Kinder fingen an loszuprusten. Er geriet außer sich: „Jetzt reicht es mir aber! Nimm deine Sachen und verschwinde, ich will dich in meinem Unterricht nicht mehr sehen." Ohne Widerrede begann ich, meine Sachen einzusammeln, und er schrie voller Wut: „Ich will dich nicht mehr sehen, du hässliches Negermädchen!" Und ehe ich wusste, wie mir geschah, schlug er mir mitten ins Gesicht. Die Ohrfeige war nicht heftig, ich war Schlimmeres gewohnt! Aber dieses Wort konnte ich nicht ertragen, es war zuviel für mich! Das konnte ich ihm einfach nicht durchgehen lassen. Mit den Augen suchte ich verzweifelt nach einem schweren Gegenstand, den ich ihm über den Kopf ziehen konnte, ich musste mich unbedingt rächen. Ich fing an, mit allem nach ihm zu werfen, was mir gerade in die Hände fiel: Hefte, Kugelschreiber, Bleistifte, Radiergummis, Lineale. Er wurde noch wütender und kippte die Bank gegen mich um, die er vor sich hatte; es gelang mir gerade noch rechtzeitig, zur Seite zu springen. Ich packte einen Stuhl und schleuderte ihn mit meiner ganzen Kraft gegen ihn. Ich hatte jegliche Kontrolle über mich verloren und wollte ihm nur noch so weh wie möglich tun. Ich [...] bewarf ihn weiterhin mit allem Möglichen. Es hatte wohl den Anschein, als wäre ich verrückt geworden, denn er bat meine Klassenkameraden um Hilfe. Ich fühlte mich allein und verzweifelt: Ich konnte niemanden um Hilfe bitten, alle in der Klasse waren weiß.

Ich lief hinaus, wobei ich die Tür so laut es ging hinter mir zuschlug. [...] Am Ende des Flurs erwartete mich schon der Rektor mit drohendem Gesichtsausdruck: „Was zum Teufel ist denn hier schon wieder los? Ist es denn möglich, dass, wann immer irgendwo alles durcheinander geht, du mittendrin sein musst?" Er hob gerade den rechten Arm, um mich aufzuhalten, als ich ihm, immer noch schluchzend, einen Schlag mit der Faust versetzte und ihn dann, aus Angst, dass er mich seinerseits schlagen würde, schubste, so dass er umfiel. Völlig aufgelöst rannte ich, so schnell ich konnte, nach Hause, um diesem schrecklichen Tag ein Ende zu bereiten. Am nächsten Tag kam der Brief, der mich von der Schule verwies.

1. Versetzt euch in Nasseras Situation! Wie muss sie sich gefühlt haben, als der Lehrer sie „hässliches Negermädchen" nannte und ihr ins Gesicht schlug?
2. Wie bewertet ihr das Verhalten von Nasseras Mitschülerinnen und Mitschülern?
3. Was hättet ihr gemacht, wenn ihr in der Klasse gewesen wärt? Unterbreitet Vorschläge.
4. Nassera wurde aus der Schule verwiesen, weil sie Gewalt angewendet hat. Ist die Entscheidung der Schulleitung gerecht? Warum? Warum nicht?
5. Mit welchen Konsequenzen hätte der Lehrer eurer Meinung nach rechnen müssen?

Gibt es eine gerechte Notenvergabe?

Sandra hat soeben ihre Ethikarbeit wiederbekommen. Leider hat sie nur eine 4 geschrieben. „Das ist total ungerecht, meine Arbeit war viel besser!“, denkt sie sich.

1. Sollte Sandra mit ihrem Klassensprecher/ihrer Klassensprecherin darüber reden? Was könnte sie noch tun?
2. Habt ihr schon einmal die gleiche Erfahrung gemacht? Wie solltet ihr euch verhalten, wenn ihr das Gefühl habt, ungerecht behandelt zu werden? Diskutiert darüber in der Klasse.

Punkte und Noten

Auf diesen Test gibt's keine Noten,
hat der Lehrer gesagt,
nur Punkte.
Am Schuljahresende
hat der Lehrer gesagt:

Hättest du mehr Punkte
auf den Test – von damals
hättest du jetzt
eine bessere Note.

(Heinz J. Zechner)

3. Seid ihr der Meinung, dass sich der Lehrer ungerecht verhalten hat? Warum? Warum nicht?
4. Was heißt es für euch, gerecht zu handeln? Lest hierzu auch die Seiten 96 f. zum Thema „Gerechtigkeit in der Schule“.

Mobbing in unserer Schule?

Liebes Tagebuch,
ich habe ein großes Problem. Ich gehe nun ein halbes Jahr in die neue Klasse, aber dort ist es scheußlich. Die wollen mich fertig machen in der neuen Klasse. Na klar, ich bin sitzen geblieben und sehe dicker aus als die meisten. Wenn wir im Sportunterricht Fußball spielen, da wählt mich keiner in seine Mannschaft. Herrn Peters stört das nicht so richtig, dass ich nie mitspiele. Ich soll dann immer Schiedsrichter machen und die Punkte zählen und so. Das ist schon ziemlich doof. Riesenbaby nennen sie mich immer. Paul findet es toll, mir immer auf den Rücken zu springen, wenn ich auf der Treppe vor ihm gehe. Er sagt dann, er sei Baron Münchhausen auf seiner Kanonenkugel. Die anderen wissen gar nichts von mir und machen mich nur fertig. Oft verstecken sie meine Schulsachen, und wenn ich dann ermahnt werde, lachen sie mich aus. In der Pause redet auch keiner mit mir, weil ich irgendwie nicht zu denen passe.
Ich fühle mich so schlecht.
Gero

1. Wie soll sich Gero eurer Meinung nach verhalten?

Mobbing hat viele Gesichter

Gewalt kann auch in der Schule grundsätzlich in verschiedenen Ausprägungen auftreten, es muss nicht nur immer körperliche Gewalt sein: Mobbing heißt das Modewort der letzten Jahre. In der Schule und am Arbeitsplatz ist verbale Gewalt heute ein wichtiges Thema. Worte können sehr verletzend sein. Zwischen Kindern und Jugendlichen können sie besonders kränkend und grausam sein. In der Schule können sich Schüler untereinander mobben, aber auch ein Lehrer oder eine Lehrerin kann einen Schüler oder eine Schülerin mobben.
Eine der schlimmsten Methoden des Mobbings ist es, mit jemandem gar nicht mehr zu sprechen oder ihn/sie aus dem Gruppengeschehen auszuschließen, ihm/ihr Freundschaft und Anerkennung zu verwehren. Das kann sich auf das Selbstbewusstsein verheerend auswirken. Gehässige Bemerkungen, Sticheleien, Schikanen, Intrigen, Hohn, Spott, Gerüchte in die Welt zu setzen und andere Menschen von der Minderwertigkeit des Mobbingopfers zu überzeugen, das ist das Handwerkszeug des Mobbers.
Das Schlimme am Mobben ist, dass es schleichend und hinterrücks beginnt. Denn meist finden die verbalen Quälereien im Verborgenen statt. Man spürt nur instinktiv, dass sich hinter dem eigenen Rücken etwas tut, dass getuschelt wird und manche alte Freunde einen meiden.
Der Täter weiß an sich genau, dass er Unrecht tut. Doch das Opfer schweigt meist aus Scham über sein scheinbares Versagen oder weil es Angst vor dem Täter hat. Damit hat der Täter schon erreicht, was er wollte: das Selbstwertgefühl seines Opfers mit Worten zu zerstören und das Opfer vor anderen zu blamieren.

2. Man sagt, dass böswillige Bemerkungen oft sehr viel schlimmer sind als eine Ohrfeige. Berichtet von eigenen Erlebnissen, die diese Behauptung stützen.
3. Kann man sagen, dass Gero gemobbt wird? Begründet eure Ansicht!
4. Welche Möglichkeiten seht ihr, Gero zu helfen? Schreibt ihm dazu einen Brief.

Mobbing ist wie …

1. Setzt diesen Satz in eurem Heft fort.
2. Mobbing hat viele Gesichter – Schreibt dazu eine kurze Geschichte. Gebt sie eurem Nachbarn/eurer Nachbarin, der/die eine gerechte und friedliche Lösung für die Geschichte finden soll.

Es gibt keine Patentrezepte, gegen Mobbing vorzugehen; da jeder Fall anders liegt, muss jede/r selbst herausfinden, welche Form der Gegenwehr die richtige ist.

Individuelle Strategien:

-> Rechtzeitig reagieren, nicht zu lange warten.
-> Deutlich machen, dass das Verhalten unerwünscht ist.
-> Mit einer Person des Vertrauens über den Vorfall sprechen.
-> Herausfinden, worum es im Kern eigentlich geht.
-> Herausfinden, wo eigene Anteile am Konflikt liegen.
-> Sich Verbündete suchen, Erfahrungen austauschen.
-> Den/die Belästiger zur Rede stellen.

Andere einbeziehen

-> Entscheiden, ob Hilfe von einer dritten Person notwendig ist.
-> Schülerrat einbeziehen.
-> Die Belästigung öffentlich machen, das Schweigen brechen und die Duldsamkeit ablegen.

Weiterführende Maßnahmen

-> Grundsätze für Schule ohne Mobbing entwickeln.

(Nach Günter Gugel)

3. Entwickelt Grundsätze für eine Schule ohne Mobbing. Stellt sie in eurer Schülerzeitung zur Diskussion.

Sorgentelefon

Adressen, die weiterhelfen, findet ihr im Anhang auf Seite 166.

8. Wahrheit wahrnehmen

Die Wahrheit entdecken

1. Findet die Sprichwörter heraus und schreibt sie in euer Heft. Sprecht darüber, was sie über Wahrheit und Lüge aussagen.
2. Sucht euch anschließend ein Sprichwort aus und erfindet dazu eine Geschichte. Wem von euch gelingt es, sich die kürzeste Lügengeschichte zu einem der Sprichwörter auszudenken? Veranstaltet einen Wettbewerb.

Lügen, dass sich die Balken biegen!

„Mit Lügen und Listen füllt man Säcke und Kisten."

Diese Talermünze stiftete einst Herzog Heinrich Julius von Braunschweig-Wolfenbüttel in den Jahren 1596/97. Sie ist also schon über vierhundert Jahre alt und zeigt, dass die Lüge keine Erfindung unserer Zeit ist.
Der Anlass ihrer Prägung war ein Streit des Herzogs mit einigen adligen Familien seines Landes, die er der Lüge bezichtigte.

3. Denkt euch eine Geschichte aus, die vielleicht passiert und Anlass für die Prägung des Lügentalers gewesen sein könnte.
4. Entwerft selbst einen Lügenorden und überlegt, wem ihr diesen wofür verleihen würdet.

Ist das wahr?

1. Schaut euch die Fotos genau an. Entspricht auf ihnen alles der Wahrheit? Warum? Warum nicht?
2. Falls etwas nicht der Wahrheit entsprechen sollte, dann sagt, was es ist und begründet eure Meinung.
3. Was verbindet ihr mit dem Begriff Wahrheit? Erstellt dazu ein Begriffsnetz und ergänzt es im Laufe der Unterrichtseinheit.

Wie Lügen entstehen

Stille Post

Wiederholt noch einmal, was ihr über die Sinne des Menschen schon wisst. Lest hierzu noch einmal die Seiten 6 und 8 zu den Themen „Sinnen-Rätsel“ und „Die Welt entdecken“.

Dann setzt ihr euch in einen Kreis. Vorher sammelt ihr mindestens zehn Wörter zum Thema „Wahrheit und Lüge“ an der Tafel. Dann sucht sich jemand von euch ein Wort davon aus und flüstert es seinem Nachbarn oder seiner Nachbarin ins Ohr. Dieser macht das Gleiche mit seinem Nachbarn oder seiner Nachbarin und die Wort-Kette läuft einmal im Kreis herum. Der oder die Letzte in der Kette sagt das Wort dann laut.

Spielt dieses Spiel mindestens fünfmal. Überlegt anschließend, warum es manchmal vorkommt, dass am Ende des Spiels ein falsches Wort herauskommt.

Anna und das Fernsehen

Annas Mutter ist Krankenschwester und muss abends zum Dienst. Bevor sie losgeht, sagt sie zu ihrer Tochter: „Bitte mach erst deine Hausaufgaben und dann kannst du Fernsehen gucken!“

Als die Mutter weg ist, schaltet Anna das Fernsehgerät ein und schaut sich ihre Lieblingsserie an, die schon um 16 Uhr läuft. Das Hausaufgabenheft liegt griffbereit auf dem Tisch. Plötzlich hört Anna Schritte. Aha, denkt sie, Papa kommt nach Hause.

„Hallo, Anna“, ruft Papa und schaut kurz zur Tür herein, „hat Mama dir schon so früh erlaubt, Fernsehen zu gucken?“

„Ja“, sagt Anna, „ich soll Hausaufgaben machen und darf auch fernsehen.“

1. Hat Anna ihren Vater angelogen? Warum? Warum nicht?
2. Seht ihr einen Zusammenhang zwischen dem Spiel „Stille Post“ und Annas Geschichte? Begründet eure Meinung.
3. Spielt Annas Geschichte weiter, wobei die Mutter plötzlich früher nach Hause kommt und Anna beim Fernsehen antrifft.
4. Wenn jemand eine Geschichte erzählt bekommt und lässt beim Weitererzählen die Hälfte weg oder setzt noch etwas hinzu, lügt er dann? Welche Gründe sprechen dafür und welche dagegen?

Ohne zu lügen nicht die Wahrheit sagen?

Der spanische Philosoph und Mönch Balthasar Gracián (1601–1658) hat eines der ersten Bücher geschrieben, die Menschen Regeln für gutes Benehmen empfehlen. Sein Buch trägt den Titel „Handbuch der Weltklugheit". Darin äußert er sich auch zu Problemen von Wahrheit und Lüge.

Nichts erfordert mehr Bedeutsamkeit als die Wahrheit: Sie ist ein Aderlass[1] des Herzens. Es gehört gleich viel dazu zu verstehen, sie zu sagen oder zu verschweigen. Denn man verliert durch eine einzige Lüge den ganzen Ruf seiner Unbescholtenheit ... Nicht alle Wahrheiten kann man sagen, die einen nicht um unserer selbst wegen, die anderen nicht des andern wegen.

(1) Ein Aderlass war zur Zeit Graciáns eine Heilmethode bei Schwerkranken: Ihnen wurde aus den Adern Blut abgezapft, um Gifte zu entfernen.

1. Stimmt ihr Gracián zu, dass man nicht alle Wahrheiten sagen sollte? Begründet eure Meinung! In welchen Situationen beispielsweise sollte man die Wahrheit nicht sagen?
2. Hat Graciáns Rat etwas mit Annas Geschichte zu tun? Sprecht darüber in der Klasse!
3. Wie bewertet ihr das Verhalten der Tochter? Gestaltet in eurem Heft eine Sprechblase mit der Antwort des Vaters auf den Spruch seiner Tochter.

Warum Menschen lügen

Das zweite Gesicht

Wolfgang Mattheuer, Das zweite Gesicht, 1970

Das Gesicht verrät den Wicht.

1. Vergleicht das Sprichwort mit dem Bild von Wolfgang Mattheuer*.
2. Schreibt eine zweite Zeile dazu.
3. Sucht weitere Sprichwörter, die etwas mit zweiten Gesichtern oder Masken zu tun haben. Tragt sie in der Klasse vor.
4. Beschreibt die beiden Gesichter: Achtet dabei auch auf die unterschiedlichen Farben.
5. Warum haben manche Menschen zwei Gesichter?
6. Können Gesichter auch lügen? Warum? Warum nicht?
7. Sucht eine neue Überschrift für das Bild.

Übernehmt die folgenden Sätze in euer Heft und schreibt sie zu Ende. Denkt euch anschließend selbst welche aus.

> Manche Menschen tragen eine Maske, weil …
> Manche Menschen sagen nicht, was sie denken, weil …
> Manche Menschen verschweigen die Wahrheit, weil …

Lügen haben kurze Beine

Sebastian kommt aus der Schule nach Hause und verkriecht sich sofort in sein Zimmer. Er legt sich auf sein Bett und schaltet den CD-Player ein. „Du, Sebastian", ruft seine Mutter aus der Küche, „habt ihr heute schon die Mathearbeit zurückbekommen?"
„Nein", sagt Sebastian, obwohl die Arbeit mit der Fünf ganz oben in seiner Schultasche liegt. Sebastian starrt in die Luft und fühlt sich total schlapp.
Nach einigen Minuten kommt seine Mutter wütend ins Zimmer gelaufen und schreit: „Du hast mich angelogen! Deine Mathelehrerin hat mich soeben angerufen und mir mitgeteilt, dass du schon wieder eine Fünf geschrieben hast. Mach sofort die Musik aus und setz dich an den Schreibtisch!"

1. Kennt ihr solche Situationen auch? Wie reagiert ihr darauf? Tauscht darüber Erfahrungen in der Klasse aus.
2. Warum hat Sebastian seine Mutter angelogen?
3. Stellt in kleinen Gruppen Gründe zusammen, warum Menschen lügen.

Der kleine Unterschied

Ich weiß, dass die Grammatiker einen Unterschied machen zwischen Lügen sagen und lügen.
Sie erklären, Lügen sagen bedeute, dass man etwas Unwahres sage, das man jedoch für wahr halte, während die Definition des Wortes lügen [...] soviel heiße wie vorsätzlich täuschen und daher nur jene betreffe, die wider bessres Wissen etwas sagen [...].

(Michel de Montaigne, französischer Philosoph)

4. Wie beurteilt ihr diesen kleinen Unterschied? Nennt Beispiel für lügen und Lügen sagen.

Verschiedene Arten von Lügen

In Riesa hat am Samstag ein Lokführer ein Haltesignal überfahren. Daraufhin stießen zwei Güterzüge zusammen und entgleisten. Es entstand ein Sachschaden von ungefähr 100 000 Euro. Der Lokführer sagte bei seiner Vernehmung, dass er sich geirrt habe, als er die Farbe des Signals sah.

In Chemnitz stand am Freitag ein Mann vor Gericht. Er hatte vor allem älteren Menschen eine Lebensversicherung bei einer Versicherungsgesellschaft verkauft, die es in Wirklichkeit gar nicht gibt. Das eingezahlte Geld verwendete er für eigene Zwecke. Er gab an, Schulden zu haben und deshalb in einer Notlage gewesen zu sein.

1. Welcher Unterschied besteht zwischen den beiden Zeitungsmeldungen?
2. Entwerft selbst zwei Zeitungsmeldungen zu den Themen Irrtum und Lüge. Sprecht anschließend darüber, wodurch sich beide unterscheiden.

Gestaltet zum Thema „Irren ist menschlich“ eine Collage.

Was ist eine Collage?
Der Begriff der Collage kommt aus dem Französischen und bedeutet leimen oder auch zusammenkleben. Collagen sind also Klebebilder. Ihr sucht Zeitungsausschnitte, Plakat- oder Fotoausschnitte, Fahrkarten, Packpapierreste und andere Bilder zum Thema. Diese klebt ihr zu einem neuen Bild zusammen. Ihr könnt auch Texte dazu schreiben.
Stellt eure Collagen anschließend in der Schule aus.

Was sind Lügner für Leute?

Den Philosophen Sokrates* habt ihr schon auf der Seite 18 kennen gelernt. In dem folgenden Gespräch denkt er mit einem seiner Schüler, dem jungen Hippias, über das Wesen von Lügnern nach.

Sokrates: Meinst du, Lügner sind gewissermaßen Leute, die nicht fähig sind, irgend etwas auszurichten – so wie die Kranken – oder sind es Leute, die etwas auszurichten fähig sind?
Hippias: Sehr wohl sind sie fähig, alles Mögliche auszurichten, vor allem ihre Mitmenschen zu betrügen.
Sokrates: Nach dem, was du sagst, sind sie also offenbar fähig und zudem verschlagen, nicht wahr?
Hippias: Ja.
Sokrates: Sind sie aber aus Einfalt und Unvernunft verschlagen und Betrüger oder aus einer gewissen Gerissenheit und Klugheit?
Hippias: Ganz gewiss aus Gerissenheit und Klugheit.
Sokrates: So sind sie offensichtlich klug.
Hippias: Ja, beim Zeus*, sogar sehr.
Sokrates: Und klug, wie sie sind, wissen sie da nicht, was sie tun, oder wissen sie es?
Hippias: Ganz genau wissen sie es. Deshalb handeln sie ja auch schlecht …

1. Wie charakterisieren Sokrates und Hippias die Lügner? Stimmt ihr dieser Einschätzung zu? Warum? Warum nicht?
2. Trifft diese Bewertung auch auf den Lokführer und den Versicherungsverkäufer (S. 108) zu? Begründet euren Standpunkt.
3. Findet weitere Merkmale von Lügnern und diskutiert sie in der Klasse.
4. Entwerft anschließend schriftlich das Porträt eines wahrheitsliebenden Menschen.

Diese steinerne Tritonenmaske mit geöffnetem Mund, die „Bocca della Verità", befindet sich in der Mauer einer Kirche in Rom. Wer die Hand in den Mund legt und dabei nicht die Wahrheit sagt, dem soll sie von unsichtbaren Kräften festgehalten werden, heißt es in einer Sage.

Frank, ein elfjähriger Junge aus Meißen, spielt begeistert Tennis und fährt gern Fahrrad. Darüber vergisst er manchmal seinen Vorsatz, zu Hause zu helfen. Den Eltern erzählt er jedoch, dass er immer fleißig für die Schule lernt.

5. Was meint ihr, wird Frank seine Hand aus dem „Wahrheitsmund" wieder herausbekommen? Begründet eure Meinung.

Notlügen

Wenn ich freilich jemals in die Lage käme, mich aus einer offenkundig tödlichen Gefahr durch eine dreiste, in aller Form vorgebrachte Lüge retten zu können, bin ich nicht sicher, ob ich stark genug wäre, dieser Versuchung zu widerstehen.

(Michel de Montaigne, französischer Philosoph)

1. Was meint ihr dazu?

Für Freunde lügen?

Tanja und Mark spielen an der Elbe. Plötzlich kommen einige Jungen mit Stöcken auf sie zu. „Ich glaube, die wollen zu mir", sagt Mark und versteckt sich schnell hinter einem Strauch. Tanja wirft weiter Steine ins Wasser und tut so, als ob sie die Jungen nicht bemerkt. In Wahrheit hängt aber ihr Herz in der Hosentasche.
„Wo ist dein Kumpel?", fragen die Jungen plötzlich und kesseln Tanja ein.
„Ich habe keinen Kumpel", sagt Tanja und blickt trotzig aufs Wasser.
„Hier war doch eben ein Typ!", brüllen jetzt alle durcheinander.
„Kann schon sein", antwortet Tanja, „aber den kenne ich nicht. Der hat mir zugesehen, wie ich Steine übers Wasser gleiten lasse."
„Klingt glaubwürdig", sagt einer aus der Clique und die Jungen ziehen ab.
Als die Luft wieder rein ist, kriecht Mark unterm Strauch hervor und sagt zu seiner Freundin: „Danke, dass du für mich gelogen hast."

2. Wie hättet ihr an Tanjas Stelle gehandelt? Zeigt mögliche Alternativen auf.
3. Ist Tanjas Lüge eine Notlüge? Begründet eure Entscheidung. Findet in einem gemeinsamen Tafelbild heraus, wodurch sich Lügen und Notlügen unterscheiden.
4. Stellt euch vor, es gäbe keine Notlügen auf der Welt und alle Menschen würden auch in schwierigen Situationen nur die Wahrheit sagen; würdet ihr diese Welt als erstrebenswert ansehen? Warum? Warum nicht?

Die Menschen dürfen niemals lügen

Der Philosoph Immanuel Kant* hat in seinem berühmten Buch „Kritik der praktischen Vernunft" ein ähnliches Handlungsprinzip formuliert wie die Goldene Regel, die ihr bereits kennen gelernt habt (siehe Seite 79 in diesem Buch). Er nannte es den „Kategorischen Imperativ", was so viel bedeutet wie ein unbedingtes Handlungsgebot:

„Handle so, dass die Maxime (Handlungsregel) deines Willens jederzeit zugleich als Prinzip einer allgemeinen Gesetzgebung gelten könnte."

Kant geht im Gegensatz zur Goldenen Regel nicht von den negativen Folgen für die eigene Person aus: Ich will nicht, dass man mich anlügt, also lüge ich auch nicht. Er fordert vielmehr dazu auf, bei allen Handlungen an das allgemeine Wohl zu denken: Wie würde eine Welt aussehen, in der das Lügen zum allgemeinen Gesetz gemacht werden würde?
Dann könnten die Menschen einander nicht mehr vertrauen, weil es keine wahren Aussagen mehr gäbe. Deshalb ist es ein Gebot der Vernunft*, einander nicht zu belügen. Für Kant ist also nicht das eigene Ich, sondern die Vernunft der alleinige Maßstab moralisch guten Handelns. Jeder vernünftige Mensch kann nicht wollen, dass das Lügen zum allgemeinen Gesetz wird, weil sonst das Zusammenleben der Menschen nicht mehr funktioniert.

Notlügen sind nicht erlaubt

Für Immanuel Kant hatte der Kategorische Imperativ uneingeschränkte Geltung in allen Situationen des Lebens. Ausnahmen waren für ihn unter keinen Umständen denkbar. So hielt er auch Notlügen für moralisch nicht gerechtfertigt.
Als Kant einmal gefragt wurde, ob er denn auch Notlügen verurteilen würde, wenn schwer bewaffnete Verbrecher nach dem Hausherren fragen, zögerte der Philosoph nicht lange mit der Antwort. „Ja", meinte er. Auch dann sind Notlügen nicht erlaubt, denn die Verbrecher könnten ja den Hausherren rein zufällig finden oder einen Unschuldigen an seiner Stelle nehmen.

1. Wie beurteilt ihr Kants Ansichten über Lügen und Notlügen?
2. Wendet Kants Überlegungen auf den Fall von Mark und Tanja an.
3. Was würde Kant zu dem Spruch von Montaigne sagen?

Wenn alle Menschen lügen würden

Der blaue Hund

Geh ich in der Stadt umher,
Kommt ein blauer Hund daher,
Wedelte mit dem Schwanz so sehr
Nebenher,
Hinterher
Und verlässt mich gar nicht mehr.

Wedelt mit den blauen Ohren,
Hat wohl seinen Herrn verloren.

(Peter Hacks, deutscher Dichter)

1. Habt ihr auch schon mal einen blauen Hund gesehen oder gar einen gelben? Kennt ihr vielleicht ein rotes Ohr, das auf der Straße spazieren geht? Erfindet selbst eine Geschichte oder ein Gedicht zu solch einem unglaublichen Vorfall.

Unglaubliche Fantasie

Die englische Philosophin Mary Wollstonecraft* sagte, dass Kinder nicht mit Absicht lügen, sondern eine unglaubliche Fantasie hätten. Manchmal würden sie aber doch über das Ziel hinausschießen und lügen. Dann würde es nicht helfen, sie zu schlagen. Die Eltern sollten sich vielmehr Zeit nehmen und vernünftig mit ihren Kindern reden. Mary Wollstonecraft empfahl, Kindern immer wieder folgende Frage vorzulegen:
Was würde denn auf der Welt passieren, wenn die Menschen das Wort Wahrheit vergessen würden?

2. Wie würdet ihr diese Frage beantworten? Notiert Stichpunkte in eurem Heft. Führt anschließend ein sokratisches Gespräch.
3. Mary Wollstonecraft unterscheidet zwischen unglaublicher Fantasie und Lügen. Wie würdet ihr diesen Unterschied begründen?

Erarbeitet ein Referat zur Lebensgeschichte von Mary Wollstonecraft und tragt es in der Klasse vor. Verwendet als Literaturgrundlage u. a.: Kleines Lexikon großer Philosophinnen und Philosophen, Militzke Verlag, Leipzig 2004.

Verkehrte Welt

Wer möchte diesen Erdenball
Noch fernerhin betreten,
Wenn wir Bewohner überall
Die Wahrheit sagen täten?

Ihr hießet uns, wir hießen euch
Spitzbuben und Halunken,
Wir sagten uns fatales(1) Zeug
Noch eh wir uns betrunken.

Und überall im weiten Land
Als langbewährtes Mittel,
Entsprosste aus der Menschenhand
Der treue Knotenknittel.

Da lob ich mir die Höflichkeit
Das zierliche Betrügen.
Du weißt Bescheid, ich weiß Bescheid,
Und allen macht's Vergnügen.

(Wilhelm Busch, 1832–1908, deutscher Dichter)

(1) Fatal heißt so viel wie sehr unangenehm oder verhängnisvoll.

Nadine Schulz, Verkehrte Welt

1. Vergleicht das Bild von Nadine mit dem Gedicht von Wilhelm Busch. Benennt Gemeinsamkeiten und Unterschiede.
2. Fasst die Hauptaussage des Gedichts mit eigenen Worten zusammen.
3. Was stellt ihr euch unter einem Knotenknittel vor? Sucht dafür einen anderen Ausdruck oder fertigt eine Skizze an.
4. Warum wird in dem Gedicht eine verkehrte Welt beschrieben? Vergleicht die Charakteristik von Wilhelm Busch mit der Bienenfabel auf der Seite 76 in diesem Buch.
5. Schreibt einen Brief an Wilhelm Busch und führt gute Gründe gegen das „zierliche Betrügen" an. Informiert euch vorher im Internet unter einer Suchmaschine (z. B. www.google.de) über seine Lebensgeschichte.

9. Die jüdische Religion

Lea aus Jerusalem

1. Erzählt anhand der Fotos, was ihr schon über die jüdische Religion wisst.

Lea schreibt einen Brief nach Dresden

Lea ist elf Jahre alt und wohnt in Jerusalem, der Hauptstadt Israels. Du wirst in unserem Buch noch etwas über ihre Heimatstadt erfahren. Lea hat einen Freund in Dresden, der Tim heißt. Ihm schreibt sie regelmäßig Briefe. In ihrem ersten Brief erzählte sie ihm die folgende Geschichte über ihre Religion.

Meine Religion ist eine der ältesten der Welt. Vor ungefähr 4000 Jahren kam Abraham mit seiner Familie nach Kanaan. Das ist heute Israel. Gott schloss mit ihm einen Bund, also eine Art Vertrag. Darin hat er sich verpflichtet, unser Gott zu sein. Und wir haben uns verpflichtet, seine Gebote zu befolgen. Wir glauben an denselben Gott wie die Christen. Wir glauben, dass es nur einen einzigen Gott gibt, der die Welt erschaffen hat. Er ist mächtig, gütig und barmherzig zu den Menschen. Seinen Namen sprechen wir nicht aus. Wir glauben, dass Gott in unserer ganzen Geschichte immer da gewesen ist und unser Volk erwählt hat. Das heißt, er hat sich gerade unser Volk aus den vielen Völkern der Menschheit ausgesucht und mit uns einen Vertrag geschlossen. Wir sind aber deshalb keine besseren Menschen. Wir haben nur mehr Pflichten zu erfüllen. Jesus ist für uns nur ein jüdischer Mensch. Er ist nicht der Sohn Gottes oder der Messias. Auf den Messias, den Gesandten Gottes, warten wir noch immer. Wenn er gekommen ist, wird auf der Welt immer Frieden herrschen, und es wird keine Ungerechtigkeit mehr geben.

1. Stellt euch vor, Lea käme in eure Klasse. Welche Fragen über ihre Religion und ihr Land würdet ihr an sie richten? Schreibt mindestens fünf Fragen auf.
2. Antwortet Lea in einem Brief, was ihr über Jesus denkt.

Alles begann mit Abraham

Was in der Bibel berichtet wird

Wenn ihr noch mehr, als euch Lea bereits erzählt hat, über die jüdische Religion erfahren wollt, dann schaut in den ersten Teil der Bibel, das Alte Testament.
Nach den Erzählungen der Bibel geht der jüdische Glaube auf den Stammvater Abraham zurück. Da seine Frau Sara kein Kind bekam, übergab sie ihm ihre Magd Hagar und beide erhielten den Sohn Ismail, der später zum Stammvater der Muslime wurde.
Gott erhörte die Bitte der nun eifersüchtigen Sara und so zeugte Abraham mit seiner Frau auch einen Sohn. Sie nannten ihn Isaak – das Lachen. Er wurde zum Stammvater der Juden und Christen. Dessen Sohn Jakob, der auch Israel genannt wird, hatte wiederum zwölf Söhne. Einer davon war Josef. Weil er Jakobs Lieblingssohn war, verkauften ihn seine eifersüchtigen Brüder an Kaufleute, die auf dem Weg nach Ägypten waren. Dort gelang es Josef, ein angesehener Herr zu werden und sich sogar beim Pharao unentbehrlich zu machen.
Eine Hungersnot trieb Josefs Brüder nach Ägypten. Josef hatte dort Getreide gespeichert. Er half seinen Brüdern und gab sich ihnen bei einer zweiten Begegnung zu erkennen.
Sein Vater und die Brüder folgten ihm nach Ägypten. Ihre Nachkommen wurden zu einem großen Volk. Das erschien dem Pharao nicht ganz geheuer, er ließ die Israeliten* unterdrücken und ausbeuten, bis es für sie unerträglich wurde.

Marc Chagall, Isaaks Opferung

1. Beschreibt das Bild von Marc Chagall.

- Erforscht die Geschichte der Urväter Israels und ihrer Nachkommen.
- Besorgt euch dazu Bibeln für das Fach Religion oder bringt eine eigene Bibel mit. Kinderbibeln sind besonders gut geeignet, weil in ihnen kurz erzählt wird.
- Bildet Kleingruppen. Sucht euch einen der Stammväter aus und erforscht seine Bedeutung für die Israeliten und die Geschehnisse. Lest seine Geschichte in einer Bibel.

Der Prinz von Ägypten

Mose wuchs in einer jüdischen Familie in Ägypten auf. Die Bibel berichtet davon, dass die Tochter des ägyptischen Pharaos ihn eines Tages zu sich in den Palast holte.

Eines Tages ließ die Tochter des Pharao Mose zu sich in den Palast holen, damit er zu einem ägyptischen Prinzen erzogen und in allen bei Hof wichtigen Dingen unterrichtet wurde. Wie alt er zu diesem Zeitpunkt war, wissen wir nicht. Vielleicht erst sechs, vielleicht acht oder zehn Jahre alt. Jedenfalls war es ein schwerer Abschied für alle. Amram, Jochebed, Moses Schwester Mirjam und sein Bruder Aaron waren bisher seine Familie gewesen.
Die Frau, die er künftig Mutter nennen sollte, war ihm hingegen eine Fremde. Trotzdem lebte er sich schnell ein. Er lernte gut und rasch und wuchs zu einem gebildeten ägyptischen Prinzen heran. Allerdings zu einem besonderen, denn nie vergaß er, woher er gekommen war, zu welchem Volk er gehörte und dass nur der Gott dieses Volkes wirklich Gott war. Äußerlich war er ein vornehmer Ägypter, innerlich aber ein Israelit, der mit seinem unterdrückten Volk litt und nur zu gern etwas gegen die Unterdrückung getan hätte.
Eines Tages musste er auf einer der Baustellen des Pharao wieder einmal mit ansehen, wie ein ägyptischer Aufseher einen Israeliten schlug. Zu oft schon hatte er das erlebt, und diesmal war das Maß voll. Er schaute sich um – kein Zeuge weit und breit – und schlug den Ägypter nieder. In seinem Zorn schlug er so heftig zu, dass der Aufseher tot zusammenbrach. Der Israelit rannte voller Angst davon, und Mose verscharrte den Toten im Sand, in der Hoffnung, dass niemand je von der Sache erfahren würde.
Doch schon am nächsten Tag musste er feststellen, dass er sich getäuscht hatte. Unter Israeliten wie Ägyptern hatte sich die Geschichte wie ein Lauffeuer verbreitet, und kurz darauf erfuhr auch der Pharao, was Mose getan hatte. Auf seine Tat stand der Tod, und so blieb Mose nur die Flucht.

1. Erklärt mit eigenen Worten, warum Mose aus Ägypten fliehen musste.

Die Zehn Gebote

In der Wüste Sinai*

Im dritten Monat nach dem Auszug aus Ägypten kamen die Israeliten in die Wüste Sinai. Sie schlugen dort ihr Lager auf, gegenüber dem Gottesberg. Mose stieg zu Gott hinauf. Da rief ihm der Herr vom Berg her zu: „Das sollst du den Israeliten verkünden: Ihr habt gesehen, was ich den Ägyptern angetan habe. Ihr wisst: Wie ein Adler seine Jungen auf seinen Flügeln trägt, so habe ich euch hierher gebracht. Jetzt aber hört auf meine Stimme! Wenn ihr meinem Bund treu bleibt, werdet ihr unter allen Völkern mein besonderes Eigentum sein. Ihr sollt zu mir gehören als ein Reich von Priestern* und als ein heiliges Volk."

1. Sucht auf der Landkarte die Wüste Sinai und sprecht in Zusammenarbeit mit dem Fach Geografie darüber, unter welchen Bedingungen Menschen in der Wüste leben müssen.

Marc Chagall,*
Mose mit den Gesetzestafeln

2. Beschreibt das Bild und achtet darauf, mit welchen Farben der Künstler Gott und Mose darstellt.

Was Gott Mose übergeben hat

I.
Ich bin der HERR, dein Gott, der ich dich aus dem Lande Ägypten, dem Hause der Knechtschaft, geführt habe. Du sollst keine anderen Götter neben mir haben. Du sollst dir kein Bildnis noch irgendein Gleichnis machen, weder von dem, was da oben im Himmel, noch von dem, was im Wasser unter der Erde ist. Bete sie nicht an und diene ihnen nicht.

II.
Du sollst den Namen des HERRN, deines Gottes, nicht missbrauchen.

III.
Gedenke des Sabbattages.

IV.
Du sollst deinen Vater und deine Mutter ehren.

V.
Du sollst nicht töten.

VI.
Du sollst nicht ehebrechen.

VII.
Du sollst nicht stehlen.

VIII.
Du sollst nicht falsch Zeugnis reden wider deinen Nächsten.

IX.
Du sollst nicht begehren deines Nächsten Haus.

X.
Du sollst nicht begehren deines Nächsten Weib, Knecht, Magd, Rind, Esel noch alles, was dein Nächster hat.

(Exodus 20, 1–17)

1. Die Gebote sind gekürzt wiedergegeben. Lest sie gründlich durch und vergleicht die Inhalte in den beiden Tafeln. Welches Gesetz ist für euch besonders wichtig? Begründet eure Meinung.
2. Schreibt die Gebote der zweiten Tafel in eurer Sprache so um, dass ihr sie versteht und für euren Alltag anwenden könnt. (Beispiel 10. Gebot: Ich soll niemanden um einen Gegenstand oder um einen Freund beneiden.)
3. Denkt euch ein eigenes Gebot aus, das ihr unbedingt einhalten möchtet und das auch eure Mitmenschen einhalten sollten. Begründet kurz, warum das so sein soll. Lest hierzu auch die Seiten 78/79.

David – Hirte und König

David (1034–971 v. Chr.) aus Bethlehem* gilt unter Juden und Christen als der bedeutendste der jüdischen Könige. Aus einer Stammesgesellschaft formte er ein Volk, das in einem Staat lebte. Er machte Jerusalem zur Hauptstadt des jüdischen Volkes und den Hügel Zion* zu seiner Wohnstätte. Als religiöser Führer und König ließ er die „Lade Gottes" – das Symbol des Bündnisses mit Jahwe* (Gott) und seiner Anwesenheit – in einem feierlichen Umzug nach Jerusalem bringen. Damit wurde Jerusalem für ganz Israel zur „heiligen Stadt".
David war ein großer Dichter und guter König.
Von ihm erzählt man eine Legende, die sich zutrug, als er noch Hirt und Sänger bei König Saul war.

1. Sucht auf der Landkarte Bethlehem. Warum ist die Stadt so berühmt?

David gegen Goliath

Da trat aus dem Lager der Philister* ein Kämpfer namens Goliath hervor. Er war drei Meter groß. Er trug einen Helm und einen schweren Panzer aus Bronze. An seinen Beinen hatte er bronzene Schienen. Und als Waffen trug er ein Schwert und einen gewaltigen Speer. Goliath rief: „Wählt einen Mann aus euren Reihen! Er soll mit mir kämpfen. Wenn er mich besiegt, wollen wir eure Knechte sein. Wenn ich aber ihn erschlage, sollt ihr uns als Knechte dienen."
Als Saul und ganz Israel diese Worte hörten, erschraken sie und hatten große Angst. Niemand wagte es, gegen Goliath zu kämpfen. Und der Philister kam an jedem Morgen und jedem Abend. Vierzig Tage lang verhöhnte er die Israeliten.
David war der jüngste Sohn des Isai aus Bethlehem. Er hütete die Herden seines Vaters. Seine drei älteren Brüder waren zusammen mit Saul in den Krieg gezogen. Eines Tages sagte Isai zu David: „Nimm für deine Brüder geröstetes Korn und zehn Brote und bringe es ihnen ins Lager. Sieh nach, ob es ihnen gut geht." David kam zu seinen Brüdern und redete mit ihnen. Da trat gerade wieder Goliath hervor und rief die gewohnten Worte. Als David das hörte, sagte er: „Wer ist denn dieser Philister? Wie kann er es wagen, die Kämpfer des lebendigen Gottes zu verhöhnen?"
Die Leute berichteten Saul von Davids Worten. Da ließ der König ihn zu sich holen. David sagte zu Saul: „Niemand soll den Mut verlieren wegen dieses Philisters. Ich will hingehen und mit ihm kämpfen." Da antwortete Saul: „Du bist noch zu jung, um zu kämpfen. Dieser Philister ist seit vielen Jahren im Kriegsdienst geübt." David sagte zu Saul: „Ich habe für meinen Vater die Schafe gehütet. Oft kam ein Löwe oder ein Bär und wollte ein Lamm wegschleppen. Dann lief ich hinter ihnen her. Ich schlug auf sie ein und riss ihnen das Lamm aus dem Maul. Und wenn sie mich angriffen, schlug ich sie tot. Ebenso will ich es mit diesem Philister machen. Er hat die Kämpfer des lebendigen Gottes verhöhnt."

Da antwortete Saul: „Geh! Der Herr sei mit dir.“
Und Saul zog David seine eigene Rüstung an. Er setzte ihm den bronzenen Helm auf den Kopf und hängte ihm sein Schwert um. David aber konnte in dieser Rüstung nicht gehen. Darum sagte er: „Ich kann in diesen Sachen nicht kämpfen. Ich bin nicht daran gewöhnt.“ Deshalb legte er die Rüstung wieder ab und nahm seinen Stock in die Hand. Er suchte sich aus dem Bach fünf glatte Steine und legte sie in seine Hirtentasche. Dann nahm er seine Schleuder in die Hand und ging auf den Philister zu.

1. Schreibt auf, wie die Geschichte weitergeht.
2. Gebt David in eurem Heft eine Sprechblase und schreibt auf, was er denkt. Wie bereitet er sich auf den Kampf vor?
3. Wann verwendet ihr manchmal im Alltag die Redewendung „David gegen Goliath“?

Der weise König Salomo

König Salomon ließ in Jerusalem einen Tempel errichten. In der folgenden Geschichte aus der Bibel wird etwas über die Zeit erzählt, in der er gebaut wurde.

Der Bau des Tempels

Vier Jahre dauerte es, bis Salomo das Baumaterial für den Tempel beisammen hatte. Nicht alles, was er dafür brauchte, gab es in Israel. Das Zedern- und Zypressenholz musste er aus dem Libanon einführen: König Hiram von Tyrus, ein alter Freund seines Vaters, lieferte es ihm. Salomo sammelte aber nicht nur Baumaterial, sondern schloss Friedens- und Freundschaftsverträge mit den benachbarten Königen. Seine Regierungszeit war eine Zeit des Friedens. So konnte er sich ganz der großen Aufgabe des Tempelbaus widmen.

Die Tempelbaustelle war eine sehr seltsame Baustelle. Es war dort eigenartig still. Alle Bauteile wurden nämlich schon fix und fertig vorbereitet angeliefert: das Holz passgenau zurechtgesägt, die Steine zurechtgehauen, die Metallteile gegossen, gehämmert und poliert. Eiserne Werkzeuge kamen auf der Baustelle nicht mehr zum Einsatz. Weil hier eine Stätte der Anbetung und der Andacht, der Stille und der Begegnung mit Gott entstehen sollte, ließ Salomo schon beim Bau jeden Lärm vermeiden, der vermeidbar war.

Der Tempel wurde wunderschön. Edle Hölzer, Gold, polierter Stein, wohin man sah. Die Innenwände waren mit Holz verkleidet und vollständig mit Blattgold überzogen. Die Fußböden waren mit Zypressenholz ausgelegt. Wertvolle goldene Geräte standen in den Innenräumen.

1. Warum war es für Salomo wichtig, Friedens- und Freundschaftsverträge zu schließen?

Die Klagemauer

Vom Tempel des Königs Salomo existiert heute nur noch die Westmauer, die unter dem Namen „Klagemauer“ bekannt wurde. Sie ist die zentrale Gebetsstätte der Juden.
Dorthin ist auch Theo, ein zwölfjähriger Junge aus Paris, gefahren. Er unternimmt mit seiner Tante Marthe eine Reise zu den großen Plätzen der Weltreligionen. Und natürlich besucht er auch in Jerusalem die Klagemauer.

„Das ist also die berühmte Mauer“, flüsterte Theo. „Sie ist viel größer, als sie im Fernsehen aussieht.“
„Ja“, murmelte Rabbi Elieser. „Sie ist unermesslich, wie der Kummer der Juden. In der Morgendämmerung bilden sich auf den Steinen Tautropfen, die die Tränen des aus dem Heiligen Land vertriebenen Volkes Israel sind. Von den zehn Maß Leid, die der Ewige über die Welt verteilte, hat Jerusalem neun erhalten ... Setz das auf, Theo, das ist Vorschrift.“
„Eine Kippa? Die sieht ja Klasse aus“, sagte Theo und setzte die Kappe aus blauem Samt auf.

„Stellen wir uns in der linken Schlange an“, sagte Rabbi Elieser. „Ich fürchte, wir müssen ziemlich lange warten.“
Vor ihnen in der endlosen Schlange wiegten schwarz gekleidete Männer den Oberkörper und sprachen leise Gebete oder sangen in eintönigem Singsang. Sie trugen runde Hüte aus schwarzem Filz oder gestrickte Kappen oder aber eine merkwürdige kleine Kapsel aus Leder, die von Riemen gehalten wurde. Manche hatten lange Locken, die über die Ohren herabfielen. Wenn sie an der hohen Mauer ankamen, legten sie die Hand auf die Bruchsteine, drückten die Stirn dagegen und steckten ihre kleinen Papierrollen mit den darauf niedergeschriebenen Botschaften zwischen die Steine.
Etwas weiter rechts standen die Frauen in einer gesonderten Schlange. Viele von ihnen hatten ihr Haar mit einem fest gebundenen Kopftuch bedeckt, und ab und zu stießen einige herzzerreißende Schreie aus. Tante Marthe blieb mit Pater Dubourg an der Seite stehen und Scheich Al'Hajid nicht weit von der Stelle, wo unter der Nummer 02621222 aus der ganzen Welt Faxe mit Botschaften für die Mauer ankamen.

1. Stellt euch vor, ihr dürftet an der Klagemauer ein Gebet sprechen. Welche drei Wünsche würdet ihr auf ein Zettelchen schreiben und in die Mauerfugen stecken?
2. Schreibt einen solchen Zettel. Steckt ihn in ein Kuvert und bewahrt es gut auf. Öffnet es an eurem Geburtstag oder zu Weihnachten und prüft, ob sich euer Wunsch erfüllt hat.
3. Sprecht dann über die Erfüllung von Wünschen. Was habt ihr selbst dazu getan?

Lesetipp
Wenn ihr noch mehr von Theos Abenteuern erfahren wollt, dann lest das Buch „Theos Reise“ von Catherine Clément, erschienen im Hanser Verlag, München 1998.

Jerusalem – „Die dreifach heilige Stadt"

Stellt euch vor, ihr fahrt wie Theo nach Jerusalem und besucht Lea. Dann macht ihr vielleicht auch die folgende Erfahrung.

Scheinbar endlos lange bewegt sich der Minibus durch die Wüste, vorbei an den großen, ärmlichen Zelten der Beduinen*, an spielenden Beduinenkindern, an weidenden Ziegen, an ockerfarbenen Felsen. Immer bergan.
Und plötzlich liegt sie vor dir, die heilige Stadt. Gelb, ocker, orange thront sie auf dem Berg im gleißenden Sonnenlicht. Du bist noch unten. Du kannst es nicht fassen und hältst den Atem an. Schaust zu ihr hinauf. Und mit einem Mal begreifst du, wieso sie die „Heilige" genannt wird. Dieses erste Bild prägt sich dir ein, dass du es nie vergessen kannst und immer wieder hierher kommen willst.
Jeruschalajim, die heilige Stadt der Juden, Jerusalem, die heilige Stadt der Christen, El Kuds, die heilige Stadt der Muslime. Im Hebräischen heißt die Stadt „Ir Shalom" und im Arabischen „Ursalim-al-Quds". Das bedeutet „Stadt des Friedens". Aus der Presse wissen wir, dass es so nicht ist. In ihrer Geschichte erlebte die Stadt immer wieder Kampf und Zerstörung. Der Traum aller Gläubigen ist jedoch, dass von Jerusalem eines Tages der Frieden für die ganze Welt ausgehen wird.

Tempelberg in Jerusalem (Luftaufnahme)

Die Stadt ist geteilt in ein jüdisches, ein muslimisches und ein christliches Viertel.
Denn alle – Juden, Christen und Muslime – sind die Erben jenes Abraham. Sie glauben an seinen Gott, sie empfingen Gottes Worte und schrieben sie nieder. Die Juden und Christen in der Bibel mit dem Alten und dem Neuen Testament und die Muslime im Koran.

1. Erzählt noch einmal mit eigenen Worten, wer Abraham war.

Weißt du, was Israel bedeutet?

In Jerusalem trifft Theo auch einen Rabbiner*. Und Theo fragt ihn ganz neugierig, woher der Name Israel kommt.

„Weißt du, was Israel bedeutet?"
„Der jüdische Staat?"
„Schon, aber Israel war zunächst einmal der Name, den der Ewige seinem Volk gab. Das Wort ‚Israel' setzt sich aus den Wurzeln zweier hebräischer Wörter zusammen: Kampf und Gott. Der Erste, der diesen Namen bekam, hieß Jakob. Eines Nachts träumte er von einer Leiter, die bis in den Himmel reichte und auf der Engel hinauf- und hinunterstiegen. Der Ewige war an seiner Seite und versprach ihm den Besitz des Landes. Dann musste Jakob gegen seinen eigenen Bruder, Esau, antreten."
„Gegen seinen eigenen Bruder?", wunderte sich Theo. „Im erwählten Volk gab es Streit zwischen Brüdern?"
„Vom Beginn der Welt an", seufzte der Rabbi. „Kain, der Sohn Adams und Evas, tötete seinen Bruder Abel. Esau und Jakob stritten sich. Und immer erwählte der Ewige seinen Liebling: erst Abel, dann Jakob. In der Nacht vor dem Kampf der beiden Brüder stieg ein Engel vom Himmel herab, der mit Jakob kämpfte und ihn an der Hüfte verletzte. Jakob wehrte sich tapfer. Als die Morgenröte anbrach und der Engel verschwinden wollte, bat Jakob ihn, er möge ihn segnen. Nach seinem Kampf mit dem Engel, den Jakob verletzt, aber siegreich überstanden hatte, bekam er von dem Ewigen den Namen Israel. Der Engel sprach: ‚Nicht mehr Jakob wird man dich nennen, sondern Israel; denn mit Gott und Menschen hast du gestritten und hast gewonnen.' Jakob war der Erwählte Gottes. Am nächsten Tag versöhnten sich Esau und Jakob. Doch der lange Kampf Israels begann. Denn das Volk Israel kämpft ständig mit dem Ewigen, seinem Gott."
„Das gefällt mir nicht", murrte Theo. „Warum soll man mit Gott kämpfen?"
„Weil wir Menschen sind", erklärte der Rabbiner. „Weil Brüder sich um das Erbe streiten. Weil niemand einfach so gehorcht …"

1. Vom Beginn der Welt an gab es Streit? Könntet ihr euch auch ein Leben ohne Streit vorstellen? Warum? Warum nicht?
2. Esau und Jakob haben sich wieder versöhnt. Spielt eine Szene dazu.
3. Informiert euch im Fernsehen oder in der Zeitung über die Kämpfe zwischen Israel und seinen palästinensischen Nachbarn.

Jüdische Feste feiern

Sabbat

Lea hat ihrem Freund Tim in einem Brief davon erzählt, dass in Israel jeden Freitag bei Sonnenuntergang bis Samstagabend um die gleiche Zeit nicht gearbeitet wird. Dann ist nämlich Sabbat. Die gläubigen Juden beten, lesen in der Bibel und gedenken der Erschaffung der Welt. Denn in der Bibel steht, dass Gott die Welt in sechs Tagen erschaffen und am siebten Tag sich dann ausgeruht hat. Während des Sabbats darf kein Feuer gemacht und kein elektrischer Strom benutzt werden. Selbst der Lift im Hotel steht still.

Bar-Mizwa und Bat-Mizwa

Wenn Lea zwölf Jahre alt sein wird, dann feiert sie ihre Bat-Mizwa; sie ist dann eine „Tochter der Pflicht". Für Lea heißt das, sie wird in die Gemeinschaft der gläubigen Jüdinnen aufgenommen und muss bestimmte Pflichten erfüllen. So darf sie z. B. das Sabbatlicht anzünden. Ihr Bruder Josef feiert seine Bar-Mizwa mit 13 Jahren – er wird ein „Sohn der Pflicht". Die Jungen legen dann den Gebetsriemen an und zählen von nun an als vollwertige Mitglieder für einen Gottesdienst.
Beide Feiern sind ähnlich wie eine Konfirmation oder Firmung bei den Christen.

1. Schreibt einen Brief an Lea und erzählt ihr von einer Konfirmation oder der Jugendweihe.
2. Zur Bar-Mizwa und Bat-Mizwa sollen die Jugendlichen auch gute Taten vollbringen. Welche gute Tat käme für euch in Frage? Malt ein Bild dazu und sprecht anschließend in der Klasse darüber.

Sukkot

Dieses Fest feiert Lea besonders gern. Es wird im Herbst gefeiert und ist eine Art Erntedankfest, das neun Tage dauert. Es soll zeigen, dass die Juden während ihrer Wanderung durch die Wüste in Laubhütten leben mussten. Auch heute baut jede Familie im Garten, auf dem Balkon oder im Hof eine Laubhütte, eine Sukka.
Lea hilft ihrem Vater immer beim Bau der Hütte und schmückt sie dann mit Girlanden und Papierobst. Am tollsten ist das Picknick in der kleinen Hütte mit vielen Gästen.

3. Überlegt in kleinen Gruppen, wie ihr einen Abend in der Sukka gestalten würdet. Was muss man beim Bau einer Laubhütte beachten?

Welche jüdischen Feste kennt ihr noch? Bildet kleine Gruppen und sucht euch ein Fest aus, das ihr den anderen in der Klasse vorstellt, z. B. Chanukka, Rosch Haschana, Jom Kippur oder Purim. Lest dazu das Buch: „Die Weltreligionen Kindern erklärt" von Monika und Udo Tworuschka, Gütersloher Verlagshaus, Gütersloh 1996.

Essen wie in Israel

Im Judentum* gibt es strenge Speisevorschriften. Verschiedene Gerichte werden nur zu bestimmten Feiertagen gegessen. Alle Vorschriften sind in der Thora festgehalten.
Pflanzliche Nahrungsmittel sind erlaubt. So kann man auch an Imbissständen oder in Restaurants Falafel essen. Sie werden in Israel, aber auch in arabischen Ländern und in europäischen Städten als Snacks verkauft. Meistens bekommt man sie in Form runder, frittierter Bällchen mit ca. 2 bis 4 cm Durchmesser in Pita-Taschen mit Salat angeboten.
Man kann Falafel auch zu Hause zubereiten: Fehlt euch das Pita-Brot, so könnt ihr sie auch sehr gut als flachen Bratling wie einen Kartoffelpuffer in der Pfanne braten. Probiert dieses einfache Rezept doch mal aus.

Falafel: Einkaufsliste für Zutaten (für 4 Portionen)

1 Knoblauchzehe, 20 Gramm Lauch, 1 Zwiebel, 1 Esslöffel Korianderkraut oder getrockneten Koriander, 60 Gramm Bohnenschrot aus weißen Bohnen, 20 Gramm Kichererbsenschrot (man kann auch gekochte und pürierte Kichererbsen und Weizenmehl oder Maismehl nehmen), 1/2 Teelöffel Gewürz-Mischung aus: Kreuzkümmel, Zimt, Pfeffer, Koriander, Nelken, Muskat, Paprika, Cayenne-Pfeffer. (Verschiedene Zutaten bekommt ihr im Reformhaus oder in einem türkischen Laden.)

Die Zubereitung: Die Zwiebel müsst ihr fein hacken und dann mit der durchgepressten oder zerdrückten Knoblauchzehe und dem Bohnen- und Kichererbsenschrot vermischen. Lauch und Korianderkraut schneidet ihr in feine Streifen und gebt es in die Mischung. Dann gießt ihr so viel Wasser dazu, dass ein lockerer, geschmeidiger Teig entsteht. Schmeckt alles mit den Gewürzen ab, formt kleine Bällchen und fritiert sie im heißen Öl goldbraun oder bratet sie in einer Pfanne als Bratling.
Serviert die Bällchen im aufgebackenen Pita-Brot mit Salat oder auf einem Teller mit Rohkostsalat. (Falafel kann man auch anders zubereiten. Im Internet findet ihr sicherlich weitere Rezepte.)

Wenn ihr lieber süße Sachen esst, könnt ihr auch das folgende Rezept ausprobieren:

Schokoladensuppe

60–70 Gramm Schokolade werden mit etwas Wasser und etwas Vanillezucker zu einem dicken Brei gekocht. Dazu gebt ihr ca. 250 ml Milch und 250 ml Wasser. Falls euch die Suppe zu dünn ist, verrührt einen halben Teelöffel Weizenstärke in wenig Milch und rührt es dann in die Suppe. Fügt etwas Zimt und vielleicht noch eine Prise Zucker hinzu und lasst alles einmal aufkochen. Nehmt dann den Topf von der Kochstelle, lasst die Suppe ein wenig abkühlen und rührt ganz vorsichtig zwei verquirlte Eigelb ein.
Vervollkommnen könnt ihr die Suppe mit in Butter gerösteten Semmelbröseln und Eischneehäubchen. Dazu müsst ihr von den zwei Eiweiß einen festen Schnee mit etwas Zucker schlagen. Mit einem Teelöffel setzt ihr die kleinen Häubchen auf die Suppe. Wenn ihr die Suppe nur einige Minuten zudeckt, werden sie schön fest. Genauso gut könnt ihr auch mit einem Spritzer Schlagsahne die Suppe garnieren.

Zusammenleben und Verfolgung

Fremde und Sündenböcke

Erste Spuren jüdischen Lebens in Sachsen findet man bereits im 10. Jahrhundert. Die Juden wurden wegen ihrer Bildung und als gute Kaufleute geschätzt. Sie standen unter dem Schutz des jeweiligen sächsischen Landesherrn, der ihnen Leben, Freiheit und Eigentum garantierte. Sie mussten dafür Geld bezahlen und Abgaben leisten.

Juden durften nur bestimmte Berufe im Handwerk und Handel ausüben, wurden als Fremde betrachtet und in Krisenzeiten als Schuldige für Missstände und Katastrophen ausgemacht.
Darüber hinaus mussten sie in speziellen Vierteln leben. Dadurch wurde das gegenseitige Kennenlernen mit den Christen erschwert. Als um 1350 in ganz Europa die Pest ausbrach, wurden die Juden beschuldigt, die Brunnen vergiftet zu haben. Viele jüdische Gemeinden wurden daraufhin aufgelöst und vertrieben. Ihr Eigentum fiel an die Stadt oder den jeweiligen Landesherrn. Einige jüdische Gemeinden blieben jedoch zurück. Allerdings wurden ihre Rechte zunehmend eingeschränkt. Im Jahr 1430 erließ Markgraf Friedrich dann eine Verordnung, die es Juden verbot, sich neu anzusiedeln.

Handel zwischen einem Juden und einem christlichen Bauern, Zeichnung aus dem Sachsenspiegel, 13. Jahrhundert

Ausrottung der Juden beim Auftreten der Pest 1349, Holzschnitt 14. Jahrhundert

Seit Ende des 17. Jahrhunderts verbesserte sich die Situation der Juden in Deutschland. Sie errangen bis zur Gründung des Deutschen Reiches weit gehende rechtliche Gleichberechtigung. Ende des 19. Jahrhunderts wuchs die Feindschaft gegenüber den Juden wieder.

1. Findet heraus, ob es in eurer Stadt oder in eurem Landkreis in den vergangenen Jahrhunderten jüdische Gemeinden gegeben hat und wie sie gelebt haben.

Schreibt eine „Kleine Geschichte der Juden in Sachsen" für Schüler einer 6. Klasse und legt dabei den Schwerpunkt auf Meißen, Dresden, Görlitz oder Leipzig. Solltet ihr Kenntnisse und Quellen zur Geschichte der Juden in eurer Stadt oder Gemeinde haben, so bezieht diese ein. Material erhaltet ihr auch bei der Bildungs- und Begegnungsstätte für jüdische Geschichte und Kultur, Sachsen e. V. – die Adresse steht auf der Seite 129 in diesem Buch.

Verfolgung und Vernichtung unter der Naziherrschaft

1. Überlegt, was das Bild mit der Geschichte der Juden in Deutschland zu tun haben könnte.

Der Schrei, Edvard Munch, norwegischer Maler

Im Sommer 1937

Große Pause auf dem Schulhof der Deutschen Oberschule. Scheu und etwas abseits von den anderen Jungen steht der elfjährige Schüler Hans Brauer, ein stiller und leicht korpulenter Typ. Während er sein Frühstücksbrot verzehren will, kommen plötzlich mehrere gleichaltrige und etwas ältere Schüler auf ihn zu, um ihn mit dem Ruf „Jude!" zu beschimpfen. Als die Hetzer tätlich zu werden beginnen, gelingt es dem armen Jungen, in letzter Minute vom Schulhofe zu fliehen und in seinem Elternhause Schutz zu suchen. Noch heute schämt sich der um ein Jahr ältere Berichterstatter, fassungs- und tatenlos dem Geschehen zugesehen zu haben, wo er seit frühester Kindheit gerade mit diesem Jungen nahezu alle Geburtstage gemeinsam gefeiert hatte ...

2. Stellt euch vor, ihr hättet neben dem Jungen Karl gestanden und all das gesehen. Was wäre euch durch den Kopf gegangen? Schreibt eure Gedanken und Gefühle dazu in einer kleinen Geschichte auf.

„Kauft nicht beim Juden!"

In vielen sächsischen Städten wie in Zwickau, Dresden, Chemnitz, Freiberg, Löbau, Crimmitschau hat es 1933 Anfeindungen und Angriffe auf jüdische Mitbürger gegeben. Am 3. August 1935 versammelten sich vor drei jüdischen Kaufhäusern in der Schlageterstraße in Riesa Bürger, die den unterschiedlichsten Berufen angehörten. Sie klebten handgeschriebene Plakate an die Schaufenster, auf denen zu lesen war: „Wer beim Juden kauft, ist ein Volksverräter" und „Deutsche kauft nicht beim Juden". Dann begannen etwa 400 Leute zu demonstrieren. Schnell wuchs die Anzahl der Demonstranten. Rufe wurden laut wie: „Fort mit den jüdischen Blutsaugern" oder „Wir brauchen keine Juden". Stinkbomben flogen. [...] Erst als die jüdischen Kaufleute ihre Werbung für den Sommerschlussverkauf entfernten und ihre Textilgeschäfte schlossen, wurde der Protestzug aufgelöst.

(Polizeibericht der Polizeihauptwache Riesa vom 3. August 1935)

- Erkundet im Heimatmuseum eurer Stadt oder eures Kreises, was in den Jahren 1935 bis 1945 mit jüdischen Bürgerinnen und Bürgern geschah. Gestaltet dazu eine Wandzeitung.
- Informiert euch auch über das Schicksal jüdischer Kinder und Jugendlicher. Schaut dazu u. a. im Internet nach, z. B. bei der Bildungs- und Begegnungsstätte für jüdische Geschichte und Kultur, Sachsen e. V. – Internet: http://www.hatikva.de oder schreibt an die folgende Adresse: 01099 Dresden, Pulsnitzer Straße 10, Telefon: 0351/802 04 89.

Jüdisches Leben in Sachsen

Aktion „Stolpersteine"

Nach 1933 gelang es einigen Juden, ihre Heimatstädte in Deutschland zu verlassen. Sie flohen nach Palästina, in die USA oder in andere Länder. Viele blieben zurück und wurden in Konzentrationslagern, Krankenhäusern oder auf Transporten ermordet. Nach dem Krieg kehrten zunächst nur wenige Juden nach Deutschland zurück.
Im Herbst 1988 wurde an der Kreuzkirche in Dresden eine Gedenktafel für die vertriebenen und ermordeten Juden der Stadt angebracht. Die Tafel wurde von dem Dresdner Grafiker Karl-Heinz Lötzsch entworfen und mit Spendengeldern finanziert. Auf ihr ist zu lesen:

Die Juden legen auf die Grabplatten ihrer Gestorbenen zur Erinnerung Steine. Vielleicht war das 1993 der Anlass für den Kölner Künstler Gunter Demnig, Namen und Daten von Naziopfern in Steine einzugravieren. Sie erinnern an Juden, an Sinti und Roma, Homosexuelle und an politisch Verfolgte. Der Hamburger Kunstsammler Peter Hess las von den Aktionen des Künstlers und organisiert nun seit Jahren in Hamburg und anderen Orten die Verlegung von „Stolpersteinen" vor den Häusern ehemaliger jüdischer Bewohner. Mittlerweile sind bereits 3 000 Gedenksteine in verschiedenen deutschen Städten vor den Häusern von Naziopfern gesetzt worden. Fast 700 „Stolpersteine" sind es allein in Hamburg.
In vielen anderen Städten Deutschlands haben sich Künstler, Historiker sowie interessierte Bürgerinnen und Bürger und vor allem auch Jugendliche entschlossen, ihren unzähligen jüdischen Mitbürgerinnen und Mitbürgern ebenfalls ein Denkmal zu setzen. Es wurden Vereine gegründet oder in Schulen Projekte gestartet.

1. Schreibt einen kleinen Bericht für eine Schülerzeitung und erklärt darin, was Stolpersteine sind und woran sie die Menschen erinnern sollen.

- Informiert euch darüber, ob es in eurer Stadt oder eurem Kreis bereits Stolpersteine gegen das Vergessen gibt. Wenn nicht, so stellt Nachforschungen über das Schicksal jüdischer Familien an und gestaltet für sie einen Stolperstein. Im Rathaus, in der Schule, in einem Kulturhaus oder in einem anderen öffentlichen Gebäude können diese Steine ausgestellt oder dauerhaft angebracht werden.
- Schaut dazu auch ins Internet unter Stolpersteine: http://www.humboldt-gymnasium-koeln.de/ag/erprobung/stolper.html

Jüdische Gemeinden und ihre Synagogen

Nach 1945 siedelten sich allmählich wieder jüdische Bürger in Deutschland an. Die Gemeinden wuchsen beständig und hatten 1988 in der alten Bundesrepublik ca. 30 000 Mitglieder. In der DDR lebten zur gleichen Zeit ca. 2 000 Mitglieder, vor allem in Berlin, Dresden, Leipzig, Magdeburg und Karl-Marx-Stadt (heute Chemnitz).
Von 1990 bis 2003 siedelten aus Russland und anderen Ländern weitere 70 000 Juden nach Deutschland über.

Die von Gottfried Semper errichtete alte Dresdener Synagoge

Neue Synagoge in Chemnitz

Eine Synagoge erzählt

Am 9. November 2001 wurde auf den Tag genau 63 Jahre nach der Zerstörung der alten Synagoge durch die Nazis der erste Neubau einer Synagoge in den neuen Ländern in Dresden geweiht. Damit erhielt jüdische Gemeinde der Stadt ein neues Gotteshaus. Rund 400 Gäste nahmen an diesem feierlichen Akt teil. Der Bau mit einem Gottes- und einem Gemeindehaus entstand auf dem Grundriss der 1938 von den Nazis niedergebrannten jüdischen Synagoge von Gottfried Semper. Der Vorsitzende des Zentralrats der Juden in Deutschland Paul Spiegel nannte den ersten Synagogenneubau in Ostdeutschland seit 1989 den „Stein gewordenen Willen, an einem Ort leben zu wollen". Ein jüdisches Sprichwort sagt: „Wer ein Haus baut, will bleiben."

Auch in Chemnitz wurde eine neue Synagoge erbaut. Dort wie auch in Leipzig treffen sich die Mitglieder der jüdischen Gemeinde regelmäßig zu Gottesdiensten und vielfältigen Veranstaltungen.
Die Synagogen sind heute religiöse und kulturelle Bildungszentren. Gemeinsam feiern die jüdischen Bürgerinnen und Bürger dort ihre Feste.
Schülerinnen und Schüler lernen hier Hebräisch und erfahren Wissenswertes aus der Geschichte des jüdischen Volkes. Es wird gesungen, getanzt und gemeinsam gekocht.

1. Wer ein Haus baut, will bleiben. Erklärt dieses Sprichwort.

- Besucht gemeinsam eine Synagoge. Informiert euch vorher über die Bedeutung des jüdischen Gotteshauses und seine wesentlichen Einrichtungen. Fragt nach dem Thoraschrein, der Thora und dem Lesepult. Lasst euch alles erklären, was ihr entdeckt.
- Erforscht die Geschichte der Synagoge und seiner Gemeindemitglieder. Bittet um Erlaubnis, in der Synagoge und im Gemeindezentrum zu fotografieren. Gestaltet ein Faltblatt zur Synagoge und ihrer Geschichte.
- Berichtet im Elternabend in einem Vortrag oder in einer Gesprächsrunde über euren Besuch in der Synagoge.
- Organisiert ein Treffen mit jüdischen Kindern im Jugendzentrum eurer Stadt. Erzählt euch gegenseitig, welche Feste ihr gern feiert und womit ihr euch in eurer Freizeit beschäftigt.

10. Verantwortung übernehmen

Fremd und vertraut

Der Kleine Prinz

Der kleine Prinz lebt auf einem winzigen Planeten, wo er sich in eine wunderschöne Rose verliebt. Da seine Liebe nicht erwidert wird, reist er zu anderen Planeten, um seinen Kummer zu vergessen. Auf der Erde begegnet er einem Fuchs.
„Wer bist du?", sagte der kleine Prinz. „Du bist sehr hübsch."
„Ich bin ein Fuchs", sagte der Fuchs.
„Komm und spiel mit mir", schlug ihm der kleine Prinz vor. „Ich bin so traurig ..."
„Ich kann nicht mit dir spielen", sagte der Fuchs. „Ich bin noch nicht gezähmt!"
„Ah, Verzeihung!", sagte der kleine Prinz. [...]
Der Fuchs verstummte und schaute den kleinen Prinzen lange an: „Bitte ... zähme mich!", sagte er.
„Ich möchte wohl", antwortete der kleine Prinz, „aber ich habe nicht viel Zeit. Ich muss Freunde finden und viele Dinge kennen lernen."
„Man kennt nur die Dinge, die man zähmt", sagte der Fuchs. „Die Menschen haben keine Zeit mehr, irgendetwas kennen zu lernen. Sie kaufen sich alles fertig in den Geschäften. Aber da es keine Kaufläden für Freunde gibt, haben die Leute keine Freunde mehr. Wenn du einen Freund willst, so zähme mich!"
„Was muss ich da tun?", sagte der kleine Prinz.
„Du musst sehr geduldig sein", antwortete der Fuchs. „Du setzt dich zuerst ein wenig abseits von mir ins Gras. Ich werde dich so verstohlen, so aus dem Augenwinkel anschauen, und du wirst nichts sagen. Die Sprache ist die Quelle der Missverständnisse. Aber jeden Tag wirst du dich ein bisschen näher setzen können ..." Am nächsten Morgen kam der kleine Prinz zurück. [...]
So machte denn der kleine Prinz den Fuchs mit sich vertraut. [...]
„Geh die Rosen wieder anschauen. Du wirst begreifen, dass die deine einzig ist in der Welt. Du wirst wiederkommen und mir adieu sagen, und ich werde dir ein Geheimnis schenken."
Der kleine Prinz ging, die Rosen wiederzusehn: „Ihr gleicht meiner Rose gar nicht, ihr seid noch nichts", sagte er zu ihnen. „Niemand hat sich euch vertraut gemacht, und auch ihr habt euch niemandem vertraut gemacht. Ihr seid, wie mein Fuchs war. Der war nichts als ein Fuchs wie hunderttausend andere. Aber ich habe ihn zu meinem Freund gemacht, und jetzt ist er einzig in der Welt."
Und die Rosen waren sehr beschämt.
Und er kam zum Fuchs zurück: „Adieu", sagte er.
„Adieu", sagte der Fuchs. „Hier mein Geheimnis. Es ist ganz einfach: Man sieht nur mit dem Herzen gut. Das Wesentliche ist für die Augen unsichtbar."
„Das Wesentliche ist für die Augen unsichtbar", wiederholte der kleine Prinz, um es sich zu merken.

(Antoine de Saint-Exupéry, französischer Schriftsteller)*

1. Spielt nach, wie der kleine Prinz und der Fuchs vertraut werden.
2. Was heißt für euch „vertraut werden"?
3. Sprecht darüber, was es bedeutet, dass die Sprache die Quelle der Missverständnisse sei. Lest hierzu auch noch einmal die Seiten 28/29.

1. Dieses türkische Mädchen ist zu Besuch in Deutschland.
   Was ist für sie womöglich alles fremd? Was ist für euch fremd an ihr? Findet Gründe für dieses Fremdsein.

Was ist fremd?

Der in Marokko geborene Philosoph Tahar Ben Jelloun erklärt seiner zehnjährigen Tochter den Begriff Fremdheit:

Der Wortstamm „fremd" bedeutet sowohl „von weit her" als auch „nicht dazugehörig". Ein Fremder kommt also aus der Ferne, aus einem anderen Land, manchmal auch nur aus einer anderen Stadt oder einem anderen Dorf. Und ein Fremder ist kein Angehöriger der Familie, des Klans oder des Stammes. Wenn heute jemand sagt, dass ihm etwas „fremd" sei, dann meint er damit, dass es sehr anders ist als das, was man jeden Tag sieht, dass es demnach irgendwie ungewöhnlich ist, aus der Reihe fällt. Das Wort „seltsam" kann manchmal etwas Ähnliches ausdrücken.

2. Nennt Situationen, in denen ihr ein Fremder/eine Fremde gewesen seid. Sprecht über eure Gedanken und Gefühle.

Grauer Himmel

Alles ist für Max neu. Seine Eltern haben sich getrennt, und Max zieht mit seiner Mutter in eine andere Stadt. Er geht nun in eine andere Schule, noch nach drei Wochen fühlt er sich völlig fremd in der Klasse.

Im Schulhof kam sich Max vor wie ein Löwe im Käfig. Sicher, der alte Schulhof war auch nicht viel anders gewesen, aber dort war er mit seinen Freunden herumgestanden und hatte gequatscht, sie hatten den Mädchen nachgeguckt, manchmal Karten gespielt, manchmal rumgealbert. Nie hatte er sich so allein gefühlt wie hier. Die anderen aus seiner Klasse taten eigentlich auch nichts, einige lehnten am Unterstand für die Fahrräder, einige latschten herum. Ein paar jüngere Mädchen quietschten beim Gummihüpfen, ältere gingen eingehakt, eine zeigte ihrer Freundin eine komplizierte Breakdance-Figur, ein Junge mit langen blonden Haaren saß auf der Mülltonne und spielte Saxophon. Als Max stehen blieb und zuhörte, verzog er das Gesicht und deutete mit einer Kinnbewegung an, er solle verschwinden. Am grauen Himmel zerfloss ein Kondensstreifen.

(Renate Welsh, österreichische Schriftstellerin)

3. Schreibt einen Brief an Max, in dem ihr ihm Hinweise gebt, damit er sich nicht mehr so fremd fühlt.
4. Schreibt Akrostichons* zu den Begriffen Vertrautheit und Fremdheit in euer Heft. Sprecht anschließend in der Klasse darüber.
5. Sammelt Bilder und fertigt eine Text-Bild-Collage zum Thema Vertrautheit an.
6. Wie weiß man, dass etwas vertraut oder etwas fremd ist? Diskutiert über diese Frage!

Was sind Vorurteile?

1. Im Comic werden Situationen geschildert, wie sie auch bei euch vorkommen. Handelt es sich um Vorurteile? Begründet eure Meinung!
2. Spielt Erlebnisse nach, bei denen es um Vorurteile geht.

Kleines Vorurteilslexikon

Vor-urteil

Vorurteil allgemein --> Ein falsches oder teilweise falsches Urteil, das in der Regel nicht selbst gebildet, sondern übernommen wird; ein vorschnelles Urteil, das nicht mit der Wirklichkeit übereinstimmt. Man spricht bei falschen, einseitigen Bewertungen von Personen, Gruppen, Ereignissen von Vorurteilen.

Vorausurteil, vorläufiges Urteil --> Urteile aufgrund bisheriger – ungenauer Kenntnisse, die bei neuen Erfahrungen und Wissenszuwachs entsprechend korrigiert werden.

Klischee, Stereotyp, Schablone, Stempel --> Begriffe aus dem technischen Bereich; es geht immer um Vervielfältigung, um Reproduktionen, wobei alle Exemplare möglichst genau dem Muster gleichen sollen. > *klischeehafte, schablonenhafte Vorstellungen* -> Jemand hat immer nur gute Eigenschaften bzw. schlechte. Man ändert sich nie. > *nationale Stereotypen* -> Man belegt Menschen eines Landes mit ganz bestimmten Eigenschaften. > *abgestempelt* -> Man „drückt einer Person einen Stempel auf".

3. Sucht nach Beispielen für die genannten Lexikonbegriffe.
4. Diskutiert darüber, wozu man Vorurteile braucht.

Idole

Der englische Philosoph Francis Bacon lebte vor ungefähr 400 Jahren. Er hat sich als erster Philosoph intensiv mit dem Begriff „Vorurteil" beschäftigt.

Philo: Mr. Bacon, Sie sagen, dass Beobachten und Experimentieren wichtig sind, um Wissen über die Welt zu erweben. Was hat das mit Vorurteilen zu tun?
Bacon: Das ist ganz einfach. Es gibt bestimmte Einflüsse, die unser Denken fehlleiten. Ich nannte sie Idole, da es sich um falsche Vorstellungen handelt. Heute würde man Vorurteile dazu sagen. Drei davon sind ganz gefährlich. Die „Idole der Gattung" besitzen alle Menschen. So haben wir etwa die Neigung, den uns oft täuschenden Sinnen zu vertrauen oder uns in unseren Urteilen von Gefühlen leiten zu lassen.
Philo: Stimmt, ich weiß nicht, ob in der Flasche Wasser oder Essig ist, wenn ich mich nur auf meine Augen verlasse.
Bacon: Ganz recht, aber dir fallen bestimmt noch viele andere Beispiele ein. Zweitens gibt es die Idole der Höhle. Dein Urteil wird durch dein persönliches Wesen geprägt, und dieses ist wiederum abhängig von deiner Erziehung, durch den Umgang mit anderen, davon, welche Bücher du liest ...
Philo: ... oder welche Musik ich höre, welche Filme ich sehe, richtig?
Bacon: Du bist ein helles Köpfchen. Drittens gibt es die Idole des Marktes. Wir Menschen sind soziale Wesen (du erinnerst dich an Aristoteles) und benutzen die Sprache, um uns zu verständigen. Aber Worte können täuschen, weil dasselbe Wort für verschiedene Menschen Verschiedenes bedeuten kann. Dann kann es Streit geben.
Philo: Ja, ich weiß, meine Mutter versteht unter Ordnung auch was anderes als ich. ...

1. Erklärt mit eigenen Worten, was Idole sind. Findet weitere Beispiele für Idole.
2. Diskutiert über die Möglichkeiten, bestehende Vorurteile abzubauen.

Dort, wo die Welt aufhört,
am Horizont,
habe ich die Sonne ins Wasser fallen sehen.
Von einer Sekunde zur anderen
sank sie hinter der glatten Meeresscheibe
ins Nichts.
Wenn ich nicht wüsste,
dass die Erde rund ist,
würde ich denken,
die Sonne sei für immer versunken.
Aber Gott sei Dank
habe ich ja gelernt, nicht nur
meinen Augen zu trauen.

(Roswitha Fröhlich, deutsche Schriftstellerin)

3. Schreibt eine kleine Erzählung, in der ihr euch nicht nur auf die Augen verlassen habt.
4. Setzt das Gespräch fort. Gestaltet ein Rollenspiel.

Vorurteile gegenüber Fremden

Als mein gelber Wellensittich aus dem Fenster flog, hackte eine Schar von Spatzen auf ihn ein. Denn er sang wohl etwas anders und war nicht so grau wie sie und das passt in Spatzenhirne nicht hinein.

1. Schreibt auf, was der bunte Vogel denkt und fühlt.
2. Diskutiert darüber, wie sich die Vögel einander nähern können.
3. Gestaltet dazu ein Rollenspiel.

Im Lokal ist Kinderfasching. An der Tür gibt es Getuschel.
Eine Mutter bringt ihr Sternentalerkind.
Das ist geistig schwer behindert, kann nicht sprechen – nur so brummeln, doch es strahlt, weil hier so viele Kinder sind.
Die Mutter setzt sich mit ihm an die lange Kaffeetafel, ihr kleiner Sternentaler klatscht zu der Musik.
Keiner schenkt ihnen Kakao ein, niemand setzt sich in die Nähe.
Ab und zu nur trifft sie ein verstohlener Blick.
Als die Kinder tanzen, schwingt sie auch ihr Kind herum im Kreise; manche tanzen weiter, andere bleiben stehn.
Jemand sagt: „Das ist geschmacklos, wir sind doch keine Anstalt – unsere Kinder sollen so etwas nicht sehen."

(Gerhard Schöne, deutscher Liedermacher)

Ein Kind kommt nicht mit Rassismus und Fremdenhass im Schädel auf die Welt. Meist wiederholt es nur, was ihm seine nahen oder fernen Angehörigen vorsagen. Ein Kind spielt ganz spontan mit anderen Kindern. Es fragt nicht, ob dieses oder jenes Kind mit einer anderen Hautfarbe ihm über- oder unterlegen ist. Für ein Kind ist ein anderes Kind zuallererst ein Spielkamerad, mit dem es sich gut versteht oder streitet. Das ist normal.

(Tahar Ben Jelloun, marokkanischer Schriftsteller)

4. Wie sollten die anderen Kinder auf die Aussage des Erwachsenen im Text von Gerhard Schöne reagieren. Erarbeit an der Tafel gemeinsam Vorschläge!
5. Diskutiert anhand des Textes, wie wir gegenüber Behinderten nicht handeln sollen. Begründet eure Meinungen!
6. Was ist für euch normal? Stimmt ihr Tahar Ben Jelloun zu? Warum? Warum nicht?

Die Möwe Jonathan

Jonathan ist eine kleine Möwe, die sich mit ihrem trostlosen Leben nicht abfindet. Sie will etwas anderes machen als nur auf Müllhalden nach Fressen zu suchen. Sie will fliegen, hoch hinaus fliegen. Sie will beweisen, dass die Möwe noch andere Ziele im Leben hat. Unermüdlich probiert sie den Höhenflug – dabei hat sie viele Misserfolge. Doch sie schafft es, sie fliegt höher als alle anderen Möwen in ihrem Schwarm. Überglücklich kommt sie zu den anderen Möwen zurück, die schon auf sie warten. Jonathan glaubt, dass sie ihn auszeichnen wollen für seine Leistung.

„Möwe Jonathan“, sagte der Älteste. „In deiner Schande tritt in die Mitte vor die Augen deiner Sippe!“

Jonathan war wie vor den Kopf geschlagen. Die Beine versagten den Dienst, die Flügel hingen schlaff, er hörte nur noch ein Dröhnen. In die Mitte treten zur Schande? Unmöglich ... Der Große Durchbruch ... Sie missverstehen es ... Sie irren sich, sie irren sich.

„Wegen skrupellosen Leichtsinns“, intonierte die Stimme streng, „mit dem gegen die Würde und die Traditionen der Möwensippe verstoßen wurde ...“

Zur Schande in die Mitte treten müssen, das bedeutete, dass man ihn aus der Gemeinschaft der Möwen ausstieß, ihn zu einem einsamen Dasein auf den fernen Klippen verdammte. [...]

„Die Brüderschaft ist zerbrochen“, intonierten die Möwen einmütig im Chor, schlossen feierlich die Augen und wandten sich von ihm ab.

(Richard Bach, US-amerikanischer Schriftsteller)

1. Was würdet ihr Jonathan raten? Begründet eure Meinung!
2. Wenn jemand etwas Neues ausprobiert, etwas ändern will, wie verhaltet ihr euch?
3. Schreibt die Geschichte weiter.

Ein Tipp

Wenn ihr erfahren wollt, wie es mit der Jonathan tatsächlich weitergeht, dann könnt ihr euch den Film „Die Möwe Jonathan“ anschauen oder die gleichnamige Erzählung Richard Bachs (Frankfurt a. M. 1991) lesen.

Fremdenfeindlichkeit hat viele Gesichter

Das hässliche Entlein

An einem Mühlenteich lebte in einem Entennest eine Entenfamilie. Die Entenmutter sorgte sich zärtlich um ihre Entenjungen. Sechs waren es an der Zahl, alle sahen liebreizend aus, nur eins nicht, es war absolut hässlich, es sah grau aus und war viel größer als die anderen Entenkinder. Oft dachte die Entenmutter: „Das ist ja ein seltsames Junges! Keins von den anderen sieht so aus. Vielleicht ist es gar kein Entlein."

Die Mutter wanderte mit allen Jungen zum Teich. Sofort sprangen alle ins Wasser, das hässliche Entlein zuletzt. Doch seine Geschwister begannen sofort, es zu beschimpfen: „Missgeburt, Nichtsnutz, scheußliches Tier. Du nimmst uns unseren Platz weg. Der Teich ist unser, er ist nicht für dich. Suche dir einen anderen. Weg von hier. Los!" Eine zwackte es am Hals, schüttelte es.

An der Mühle lebte ein Mädchen, dass alle Enten fütterte, nur das „hässliche Entlein" stieß es fort: „Was bist du nur für ein hässliches Entlein!" Das Entlein kullerte zu einem Huhn, das es verfolgte und ebenfalls beschimpfte. „Weg, weg, wir wollen dich nicht! Du frisst uns alles weg."

Eines Tages saß das Entlein ganz allein am Ufer, als mehrere Wildenten kamen und es wegen seiner Hässlichkeit beschimpften: „Du siehst aus wie ein Tollpatsch! Wenn du nur nicht in unsere Familie einheiratest!"

Das Entlein watschelte traurig durch die Landschaft. So kam es schließlich zu einem Haus, in dem ein Bauer mit seiner Frau wohnten. Er wollte es halten, denn er freute sich, dass es jetzt jeden Tag ein Frühstücksei geben sollte. Die Bäuerin aber tadelte ihren Mann: „Was soll das dreckige Vieh hier? Das macht nur Dreck und stinkt. Ich will es nicht."

1. Nennt die Gründe für die Ablehnung, die dem Entlein entgegengehalten werden. Findet dazu passende Gegenargumente.
2. Verändert die Geschichte so, dass das Entlein angenommen wird.

Warum gibt es Fremdenfeindlichkeit?

In den sehr alten so genannten primitiven Gesellschaften verhielten sich die Menschen fast wie Tiere. Eine Katze steckt zuerst ihr Gelände ab. Wenn eine andere Katze oder ein anderes Tier ihr die Nahrung stehlen will oder ihren Jungen zu nahe kommt, verteidigt die Katze ihr Territorium und ihre Jungen mit allen Kräften. Der Mensch ist auch so. Er will sein Haus, seinen Boden, seine Besitztümer haben und kämpft, um sie zu behalten. Das ist normal; auch jedes Tier kämpft und verteidigt sich, wenn es angegriffen wird. Der Fremdenfeind aber glaubt, dass jeder Fremde ihm seinen Besitz wegnehmen will. Er denkt gar nicht darüber nach, ob das stimmt, sondern ist einfach immer argwöhnisch gegenüber Fremden. Dieser Argwohn geht so weit, dass manche Leute einen Fremden angreifen, ohne dass der ihnen irgendetwas getan hat oder etwas wegnehmen wollte …

3. Nennt weitere Gründe für das Entstehen von Fremdenfeindlichkeit.

Bleiben Ausländer Ausländer?

Ausländer, die schon hier geboren sind, sind eigentlich keine Ausländer. Aber Ausländer, die illegal in unser Land kommen, finde ich dann doch etwas lästig, vor allem, wenn sie noch handgreiflich oder radikal werden.
(Yvonne O.)

Ich bin gegen die Menschen, die unseren Wohlstand sehen und sich denken: „Mann, bei den Deutschen geht's uns ja viel besser als zu Hause. Dort kriegen wir jeden Tag Essen und zwar ein Menü, los komm, lass uns hier abhauen."
Der Wohlstand ist doch hart erarbeitet von uns. Wir bekommen den doch nicht geschenkt ... Warum nimmt denn Deutschland überhaupt die vielen Ausländer auf? Sollten wir uns nicht in erster Linie um uns selber kümmern?
(Anita D.)

Ich finde, Ausländer sind genauso Menschen wie wir. Manche sind ja hier geboren und werden trotzdem als Ausländer betrachtet oder müssen sich gar: „Ausländer raus!" anhören. Wenn Deutsche in Urlaub fahren, sind sie dort auch Ausländer und es würde ihnen nicht gefallen, so behandelt zu werden.
(Cornelia S.)

1. Setzt euch mit einer dieser Auffassungen in Briefform auseinander.

Aus Hass wird Mord

In der Nacht zum 23. November 1992 brennen in der Kleinstadt Mölln in Schleswig-Holstein zwei Häuser. Eine türkische Frau und zwei türkische Mädchen kommen ums Leben. Jugendliche hatten die Brandsätze geworfen: Aus ihrem Hass gegen Ausländer wurde Mord.

WIR SIND MULTIKULTURELL

Dein T-Shirt	➔ *aus Korea*
Dein Hamburger	➔ *aus Argentinien*
Deine Cola	➔ *aus den USA*
Dein Autor	➔ *aus Chile*
Dein Taschenrechner	➔ *aus Japan*
Deine Bananen	➔ *aus Guatemala*
Deine Blumen	➔ *aus Kolumbien*
Deine Pizza	➔ *vom Italiener*
Dein Kaffee	➔ *aus Brasilien*
Deine Nüsse	➔ *aus der Türkei*
Deine Tänze	➔ *aus Südamerika*
Deine Zahlen	➔ *arabisch*
Deine Schrift	➔ *lateinisch*
Dein Christus	➔ *ein Jude*
Dein Nachbar	➔ *nur ein Ausländer*

WIR SIND MULTIKULTURELL

WIR SIND MULTIKULTURELL
WIR SIND MULTIKULTURELL

Dass Menschen unterschiedlicher Herkunft und Kultur in unserem Land zusammenleben, wird sich nicht mehr ändern. Integration* ist daher die Aufgabe, die wir gemeinsam anpacken müssen, wenn wir das Zusammenleben erfolgreich und friedlich gestalten wollen.
(Johannes Rau am 12. Mai 2000, damaliger Bundespräsident)

2. Diskutiert darüber, welche Möglichkeiten bestehen, sich für Integration und gegen Fremdenfeindlichkeit einzusetzen.
3. Ergänzt die Liste mit weiteren Beispielen.

Toleranz* – (k)ein Fremdwort

Yvonne

Yvonne M. ist zwölf Jahre alt und wohnte bis jetzt in Polen. Nun soll sie mit ihren Eltern in Deutschland leben:
„Morgen ist es soweit. Da fahren wir nach Deutschland. Eigentlich will ich nicht hin. Was soll ich nur da anfangen? Ich kann kein Deutsch; ich kann nicht deutsch schreiben und lesen.
Das Schlimmste ist, dass ich in die Schule muss. Da habe ich panische Angst. Wie werden die Kinder reagieren, wenn sie eine aus Polen sehen? [...]
Alle haben mich so angeschaut, als ob sie noch nie eine Neue gesehen hätten."

Ihre Mitschülerin Kathrin schreibt nach einem Jahr:
„Als Yvonne zum Schuljahresanfang in unsere Klasse kam, war sie damals schon zwölf Jahre alt. Wir waren erst elf. Yvonne war mittelgroß, hatte braunes Haar und vor lauter Angst ein schneeweißes Gesicht. Sie setzte sich an unseren Tisch und sagte kein Wort. [...]
Jetzt lacht auch Yvonne mit uns und ist an allem Quatsch, den wir machen, beteiligt. Das hat sie vorher nie getan! Ja, Yvonne ist wirklich eine prima Freundin. Ich kann nicht verstehen, warum manche Leute sagen: ‚Ausländer sind anders als wir!'"

1. Überlegt euch, welche Gedanken und Gefühle Yvonne und Kathrin bei ihrer ersten Begegnung hatten.
2. Was kann passiert sein, dass sich beide jetzt so prima verstehen? Schreibt dazu eine Geschichte.

Toleranz
kommt vom lateinischen Wort „tolerare" – „ertragen, erdulden".
Bezogen auf das menschliche Zusammenleben verlangt Toleranz die Duldung fremder Anschauungen, das Ertragen des anderen Aussehens und Handelns, überhaupt die Anerkennung des Andersseins von Menschen. Es ist dabei gleichgültig, ob es sich um den einzelnen Menschen, um Gruppen von Menschen oder um ganze Völker handelt. Toleranz darf aber nicht mit Nachgiebigkeit verwechselt werden. Tolerante Menschen achten die Meinung des anderen, ohne die eigene aufzugeben.

1. Gestaltet ein Plakat zum Thema Toleranz.

Bausteine für Toleranz

Nachdenken statt mitlaufen

Wichtig ist, sich nicht auf die Meinung anderer zu verlassen, denn diese kann falsch sein. Man muss selber denken. Man muss unterscheiden: Was ist eine Vermutung, ein Gerücht, Vorurteil, was ist eine Tatsache?

1. Diskutiert, was es heißt, selber zu denken.
2. Nennt Gründe, weshalb viele Leute nicht selber denken.

In die Schuhe des anderen schlüpfen

„Oh großer Geist, bewahre mich davor, über einen Menschen zu urteilen, ehe ich nicht eine Meile in seinen Mokassins gegangen bin."
Darum bitten die Sioux-Indianer in einem ihrer Gebete.
Sich hineinversetzen in den anderen, in sein Denken, seine Gefühle, seine Ängste und der Verzicht auf vorschnelle Urteile sind wichtige Schritte zur Verständigung und zu einer fairen Beurteilung.

3. Welche Methoden gibt es, „in den Mokassins eines anderen zu gehen"?

Miteinander statt übereinander sprechen

Es ist ein Unterschied, ob man über einen Menschen oder eine Gruppe redet oder ob man Kontakt aufnimmt.

4. Diskutiert darüber, welche Möglichkeiten es gibt, diesen Baustein umzusetzen?

Einen festen Standpunkt haben

Toleranz heißt nicht, alle Auffassungen nebeneinander zu stellen und auf eine klare Position zu verzichten.

5. Wirklich neugierig auf das andere sein kann man nur, wenn man selbst anders ist. Findet Beispiele, die diesen Satz verdeutlichen.

Toleranz in der Schule ist ...

Toleranz in der Familie ist ...

Toleranz im Staat ist ...

6. Vervollständigt in eurem Heft die Sätze und erklärt sie mit wenigen Worten.
7. Überlegt euch Schritte, dass Toleranz in diesen Bereichen kein Fremdwort bleibt.

Alle Menschen sind gleich

Robinson und Freitag*

Wie weit war Freitag Robinson ähnlich? Auf der einen Seite steht ein Europäer des 17. Jahrhunderts, der über das fortschrittlichste Wissen seiner Kultur verfügt, erzogen in der christlichen Religion, dem Buchdruck vertraut; auf der anderen Seite ein wilder Kannibale der Südsee, dessen Kultur in der mündlichen Überlieferung seines Stammes besteht; Anhänger einer Naturreligion* und ohne Kenntnis von der Existenz der damaligen großen Städte wie London oder Amsterdam. Alles war bei beiden verschieden: Hautfarbe, Essensgewohnheiten, Zeitvertreib. Sicher hatten nicht einmal ihre nächtlichen Träume etwas Gemeinsames. Und dennoch, trotz so vieler Unterschiede, besaßen beide grundsätzlich ähnliche Merkmale, wesentliche Ähnlichkeiten, die Robinson mit keinem Tier oder Baum oder keiner Quelle der Insel teilte.

(Fernando Savater, spanischer Philosoph)

1. Findet weitere Unterschiede zwischen Robinson und Freitag.
2. Sucht danach die Gemeinsamkeiten heraus und stellt fest, was auch ihr mit Robinson und Freitag gemeinsam habt.

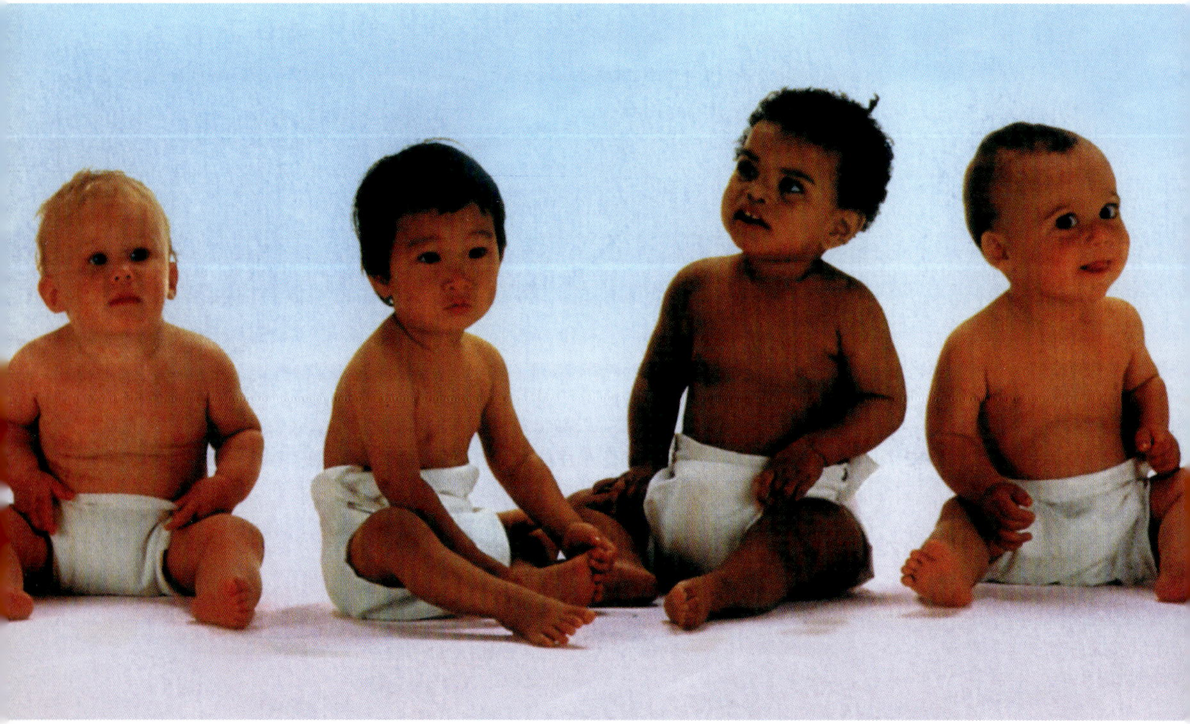

1. Diskutiert, ob die gefundenen Gemeinsamkeiten auch auf diese Kinder zutreffen.
2. Schreibt ein Elfchen zum Thema Mensch, in dem ihr die gefundenen Merkmale verwendet.
3. Sammelt dazu passende Bilder und fertigt eine Collage an.
4. Wenn alle Menschen gemeinsame Merkmale haben, dann sollten sie auch gleiche Rechte haben? Stimmt ihr dieser Aussage zu? Warum? Warum nicht?

Grundrechte
Grundrechte sind grundlegende Rechte, die für alle Menschen gelten. In Deutschland findet ihr sie im Grundgesetz.

Welche Grundrechte würdest du einführen?

Jeder hat das Recht auf einen gleichen Anteil an unserer Erde.
(Lurimaya)

Dass jeder Mensch alles tun kann, was er will, ohne dafür benachteiligt zu werden.
(Marc)

Recht zu träumen, Recht auf Kindheit ...
(Simone)

1. Welchen Vorschlägen stimmt ihr zu? Begründet eure Entscheidung!
2. Welche Grundrechte würdet ihr einführen? Begründet diese Vorschläge ebenfalls!

Grundgesetz Artikel 1

Die Würde des Menschen ist unantastbar.

Alle Menschen, ob groß oder klein, alt oder jung, haben eines gemeinsam: die menschliche Würde.
Sie beruht auf der Einzigartigkeit jedes Menschen und seiner Fähigkeit zur Selbstverantwortung.

3. Ich bin einzigartig, weil …
   Setzt den Satz in eurem Heft fort.
4. Sucht euch einen Mitschüler/eine Mitschülerin aus der Klasse und schreibt ihm/ihr einen Brief, in welchem ihr ihm/ihr seine/ihre Einzigartigkeit erklärt.

Grundgesetz Artikel 2

Jeder hat das Recht auf freie Entfaltung.

Selbstentfaltung – das tun, was wir wollen und für richtig halten. Wir können unsere Begabungen und Fähigkeiten entwickeln, unsere Chancen wahrnehmen, uns selbst verwirklichen.
Allerdings gibt es eine Einschränkung: Man darf in seinen Handlungen nicht die Rechte der anderen verletzen: „Die eigene Freiheit findet Grenzen dort, wo die des anderen beginnen."

5. Findet Beispiele, wo dieses Prinzip nicht beachtet wird.
6. Überlegt Möglichkeiten, wie man seine Ziele erreichen kann, ohne andere zu verletzen.

Jeder Mensch muss menschlich behandelt werden

Jeder Mensch ist wertvoll

Schon vor über 2000 Jahren lehrten griechische Denker, dass jeder Mensch von Geburt an bestimmte Rechte hat, einfach deshalb, weil er ein Mensch ist: die Menschenrechte. Diese Rechte werden nicht von einem Staat verliehen, sondern der Mensch besitzt sie von Natur aus. Man nennt sie deshalb auch Naturrechte.

Die Menschenrechte sind unantastbar; das heißt, niemand darf sie einem Menschen nehmen – die Menschenrechte gelten immer und für jeden, auch für den schlimmsten Verbrecher. Denn sie sollen die Würde des Menschen schützen: Jeder Mensch ist wertvoll, weil er ein Mensch ist, und deshalb hat er ein Recht auf eine bestimmte – nämlich menschenwürdige – Behandlung. Deshalb darf kein Staat einem Menschen diese Rechte wegnehmen, sondern der Staat hat darauf zu achten, dass niemand sie verletzt.

Die Vereinten Nationen haben diese Rechte 1948 in einer Charta festgehalten.

Allgemeine Erklärung der Menschenrechte

(10. Dezember 1948)

Artikel 1

Alle Menschen sind frei und gleich an Würde und Rechten geboren. Sie sind mit Vernunft und Gewissen begabt und sollen einander im Geiste der Brüderlichkeit begegnen.

Artikel 2

Jeder Mensch hat Anspruch auf die in dieser Erklärung verkündeten Rechte und Freiheiten ohne irgendeine Unterscheidung, wie etwa nach Rasse, Farbe, Geschlecht, Sprache, Religion, politischer Überzeugung, nationaler oder sozialer Herkunft, nach Eigentum oder sonstigen Umständen.

Artikel 3

Jeder Mensch hat das Recht auf Leben, Freiheit und Sicherheit der Person. [...]

Artikel 5

Niemand darf der Folter oder grausamer, unmenschlicher oder erniedrigender Behandlung oder Strafe unterworfen werden. [...]

Artikel 7

Alle Menschen sind vor dem Gesetz gleich und haben ohne Unterschied Anspruch auf gleichen Schutz durch das Gesetz. [...]

Artikel 9

Niemand darf willkürlich festgenommen, in Haft gehalten oder des Landes verwiesen werden. [...]

Artikel 11

(1) Jeder Mensch, der einer strafbaren Handlung beschuldigt wird, ist solange als unschuldig anzusehen, bis seine Schuld in einem öffentlichen Verfahren, in dem alle für seine Verteidigung nötigen Voraussetzungen gewährleistet waren, gemäß dem Gesetz nachgewiesen ist.

(2) Niemand kann wegen einer Handlung oder Unterlassung verurteilt werden, die zum Zeitpunkt, da sie erfolgte, aufgrund des nationalen oder internationalen Rechts nicht strafbar war. Desgleichen kann keine schwerere Strafe verhängt werden als die, welche im Zeitpunkt der Begehung der strafbaren Handlung anwendbar war.

Artikel 12

Niemand darf willkürlichen Eingriffen in sein Privatleben, seine Familie, sein Heim oder seinen Briefwechsel noch Angriffen auf seine Ehre und seinen Ruf ausgesetzt werden. Jeder Mensch hat Anspruch auf rechtlichen Schutz gegen derartige Eingriffe oder Anschläge.

Artikel 13

(1) Jeder Mensch hat das Recht auf Freizügigkeit und freie Wahl seines Wohnsitzes innerhalb eines Staates.

(2) Jeder Mensch hat das Recht, jedes Land, einschließlich seines eigenen, zu verlassen sowie in sein Land zurückzukehren. [...]

Artikel 19

Jeder Mensch hat das Recht auf freie Meinungsäußerung. [...]

Artikel 20

(1) Jeder Mensch hat das Recht auf Versammlungs- und Vereinigungsfreiheit zu friedlichen Zwecken.

(2) Niemand darf gezwungen werden, einer Vereinigung anzugehören.

1. Wählt gemeinsam mit einem Partner ein Menschenrecht aus und beantwortet folgende Frage: Warum ist dieses Recht besonders wichtig? Findet Beispiele, die die Bedeutung unterstreichen.
2. Fragt eure Eltern, welche Menschenrechte sie kennen und welches sie für besonders wichtig halten. Lasst euch erklären, warum es für sie bedeutsam ist.
3. Stellt eure Arbeit der Klasse vor.

Die Menschenrechte sind die Grundlage aller Demokratien. Denn nur gleichberechtigte, freie Menschen können gemeinsam einen friedlichen und gerechten Staat aufbauen. Daher haben alle demokratischen Staaten die Menschenrechte in ihre Verfassung aufgenommen. Sie sind im in den Artikeln 1–19 im Grundgesetz der Bundesrepublik Deutschland enthalten. Sie stehen über allen anderen Gesetzen, kein Gesetz darf die Menschenrechte verletzen.

4. Wer Rechte in Anspruch nimmt, muss auch Pflichten erfüllen. Diskutiert darüber, was dieser Satz für die Umsetzung der Menschenrechte bedeutet. Lest hierzu auch die Seiten 90/91.

Menschenrechte für alle Menschen

1. Überlegt euch, wie der Lebensweg der beiden Kinder aussehen könnte. Spielt eine Szene, in der sich die beiden im Alter von 15 Jahren wieder begegnen und über ihr Leben berichten.

Weil du schwarz bist – eine Geschichte aus Marseille

Unsere Nachbarn hatten einen Innenhof wie wir, aber er war nur der Größe nach gleich. Während unserer ein Reich des Chaos war, herrschte bei unseren Nachbarn Ordnung; alles hatte seinen genauen Platz und nie lag irgendetwas herum. Auch Corinne war ganz anders als ich, sie sprach anders, war anders angezogen und hatte ein ganzes Zimmer voller Spielsachen. Ich ertappte mich manchmal dabei, dass ich darin ins Träumen kam. Nicht, dass ich neidisch war, aber ich hatte einfach keine Puppe, noch nicht einmal eine, die hässlich, klein oder kaputt gewesen wäre. Einmal bat ich Corinne, mir doch eine zu schenken, mit der sie nicht mehr spielte. Es war eine alte Puppe, die auch noch schmutzig und kaputt war, aber Corinne sagte: „Nein. Weil du schwarz bist."

Es war, als ob sie mir eine Ohrfeige gegeben hätte. Niemand hatte mir je gesagt – und bis dahin hatte ich es eigentlich auch gar nicht bemerkt –, dass meine Hautfarbe anders war, dass es schlechter war, schwarz als weiß zu sein.

(Nassera Chohra)

2. Was würdet ihr zu Corinne sagen? Schreibt es auf.

Menschenrechtsverletzungen

Auszählreime

Einer ist reich
und einer ist arm,
einer erfriert
und einer hat's warm.

Einer stiehlt
und einer kauft,
einer schwimmt oben
und einer ersauft.

Einer riecht gut
und einer stinkt,
einer fährt weg
und einer winkt.

Einer hat Überfluss
und einer hat Sorgen,
einer kann schenken
und einer muss borgen.

Einer hat Hunger
und einer hat Brot.
Einer lebt noch
und einer ist tot.

(Christine Nöstlinger)

1. Welche Menschenrechtsverletzungen werden in den Fotos und dem Gedicht angesprochen?

Internationale Hilfsorganisationen

> Plan International e. V.
> Kindernothilfe
> terre des hommes
> amnesty international
> UNICEF
> Gesellschaft für bedrohte Völker

Die Adressen dieser Organisationen findet ihr auf Seite 166.

1. Gestaltet eine Ausstellung zum Thema Menschenrechte.
2. Nehmt Kontakt zu einer Menschenrechtsorganisation auf. Informiert euch, in welchen Ländern der Welt Menschenrechte verletzt werden. Markiert diese Länder auf einer Weltkarte und verseht sie mit Informationskarten, die über Art und Umfang der Menschenrechtsverletzungen informieren. Sammelt Zeltungsausschnitte zum Thema und heftet sie dazu.
3. Setzt euch mit den Organisationen, die für die Einhaltung der Menschenrechte kämpfen, in Verbindung. Informiert euch über deren Projekte. Besorgt euch Informationsmaterial zu einem Projekt, das euch besonders interessiert und werbt dafür im Rahmen eurer Ausstellung.

Wir besuchen eine Behindertenwerkstatt

Niemand darf wegen seiner Behinderung benachteiligt werden.
Grundgesetz Art. 3 Abs. 3 Satz 2

Eigentlich ist es auch gut, wenn man nicht so ist wie alle

Laura und Susanne sind 13 Jahre alt und gehen zur Gesamtschule in Kassel, in der Behinderte und Nichtbehinderte gemeinam lernen. Laura ist von Geburt an körperbehindert und auf den Rollstuhl angewiesen. Die beiden sind dicke Freundinnen. Das war aber nicht immer so. „Als Laura in unsere Klasse kam, war das komisch. Eine Behinderte in unserer Klasse. Ich hab gedacht: Na toll, jetzt sollen wir also ständig auf die Rücksicht nehmen“, erzählt Susanne. Nun, nach eineinhalb Jahren, sind sie unzertrennlich.

Laura ist wütend, wenn ihre Behinderung im Mittelpunkt steht. „Oft bemerke ich, wie ich angestarrt werde und ich habe die Nase voll davon. Für mich ist es normal, nicht in die Stadt zu gehen, sondern zu rollen. Ich interessiere mich für all das, was meine Freunde auch interessiert. Das, was nervt, das sind die anderen. Manchmal ist es ihr Mitleid. Ich leide ja nicht. Ich kann halt nicht alles machen, aber fast alles. Manchmal sind es auch blöde Sprüche.“

„Dabei sind eigentlich alle Menschen in manchen Situationen behindert oder werden behindert“, sagt Susanne.

Laura denkt laut nach: „Ich bin schon froh, dass ich hier an der Schule nichts Besonderes mehr bin. Für meine Klasse bin ich Laura und fertig. Manche mögen mich, andere nicht. Ganz normal.“ „Eigentlich ist es auch gut, wenn man nicht so ist wie alle. Ich möchte manchmal auch etwas auffallen“, widerspricht Susanne. „Du findest es doch auch gut, wenn dich die anderen bemerken, weil du gut aussiehst oder etwas gut kannst.“ „Das stimmt“, gibt Laura zu, „So aufzufallen ist o. K., aber ich falle immer auf. Und das nervt oft.“

Tipps für mehr Miteinander

Begegnet einem behinderten Menschen genau so wie ihr möchtet, dass man euch begegnet:

mit Respekt und nicht mit Mitleid.

1. Überlegt, was Laura an den Handlungen der anderen nerven kann.
2. Diskutiert über Vor- und Nachteile einer Schule, in der Behinderte und Nichtbehinderte gemeinam lernen.
3. Überlegt euch weitere Tipps für mehr Miteinander.

Was ist eine Behinderung?

Jeder Mensch ist einzigartig, jeder Mensch verschieden. Deshalb ist es normal, verschieden zu sein. Wo beginnt eine Behinderung? Und wer ist behindert? Die Grenzen zwischen behindert und nicht behindert sind fließend, die unterschiedlichen Arten von Behinderungen sind so vielfältig wie ihre Ursachen. Gibt es allgemeine Kriterien für Behinderung?

1. Beantwortet diese Fragen auf Kärtchen. Tauscht euch anschließend darüber aus.

Auf andere Menschen angewiesen sein

Behinderung bedeutet fast immer auch – durch äußere Bedingungen – eine Begrenzung der eigenen Lebensentfaltung, eine Einschränkung und oftmals Verzicht in vielen Lebensbereichen. Ein weiterer Faktor ist die erhöhte Abhängigkeit von anderen Menschen im Bereich der persönlichen Versorgung. Hinzu kommt die Auseinandersetzung mit negativen Reaktionen der Umwelt, Diskriminierung und Fremdbestimmung. Behinderung bedeutet aber auch das Mitbetroffensein von Familienangehörigen und Betreuern.

Werkstatt für Behinderte

Eine sinnvolle Tätigkeit spielt auch im Leben eines behinderten Menschen eine wichtige Rolle. Hierdurch kann er seine Fähigkeiten entwickeln, er erfährt, dass er trotz Einschränkungen Leistungen erbringen kann und diese anerkannt werden, er erlebt Gemeinschaft in einer geschützten Arbeitswelt.

Die Planung und Durchführung eures Besuches in einer Behindertenwerkstatt muss gut vorbereitet sein.

- Sammelt Fragen, die euch zu diesem Thema besonders interessieren.
- Vereinbart brieflich oder telefonisch einen Termin mit dem Leiter der Behindertenwerkstatt.
- Erklärt bei diesem Treffen, warum ihr diesen Besuch möchtet. Sprecht gemeinsam ab, wie dieser Besuch durchgeführt werden soll.
- Lasst euch Material über die Behindertenwerkstatt geben, um euch auf den Besuch vorzubereiten.
- Diskutiert, was es heißt, jemanden zu besuchen. Denkt darüber nach, wie ihr mit Menschen, die in der Werkstatt arbeiten, in Kontakt kommen könnt.
- Überlegt euch, wie ihr die Ergebnisse eures Besuches dokumentieren wollt (Zeitungsartikel, Wandzeitung, Internetseite, Ausstellung, Schülerzeitung).

2. Informiert euch, welche weiteren Einrichtungen es für behinderte Menschen gibt. Auch dort könnt ihr einen Besuch vereinbaren.

11. Typisch Junge – typisch Mädchen?

Ich bin anders als du

Kinder beider Geschlechter haben viel gemeinsamen Zeitvertreib ... Sie haben aber auch eigene Neigungen, die sie voneinander unterscheiden; Knaben suchen Bewegung und Lärm – Trommeln, Kreisel, kleine Wagen; Mädchen haben lieber etwas fürs Auge und das, was zum Schmuck gereicht – Spiegel, Schmucksachen, Seidentüchlein ...

(Mary Wollstonecraft, englische Philosophin)*

1. Beschreibt die Tätigkeiten der Jungen und Mädchen auf den Abbildungen.
2. Würdet ihr sagen, dass sie typisch für Jungen und Mädchen sind? Warum? Warum nicht? Was versteht ihr unter dem Wort „typisch“? Erstellt dazu ein Begriffsnetz. Lest hierzu noch einmal die Seite 17 in diesem Buch.
3. Was haltet ihr von den Gedanken der Mary Wollstonecraft, die vor 300 Jahren geschrieben wurden?

Gleichaltrige oder meine Clique

Gleichaltrige

Irgendwann während der Jugendzeit erkennst du, dass die Gruppe Gleichaltriger die wichtigste Gruppe für dich ist. Unabhängig davon, wie sehr du deine Eltern liebst, wird dir klar, dass die Aufgabe deiner Eltern darin besteht, dich erfolgreich auf eine Gruppe Gleichaltriger vorzubereiten. Deine Eltern geben dir eine bestimmte Orientierung. Sie führen dich in die Welt ein und helfen dir, dich im Leben zurechtzufinden. Im Laufe der Zeit nimmt jedoch ihre Bedeutung ab, weil du deinen eigenen Weg inmitten gleichaltriger junger Leute gehst. [...]

Der Einfluss Gleichaltriger auf deine Entwicklung ist sehr vielfältig. Da gibt es jene, die du als Vorbilder akzeptierst und denen du nacheifern möchtest. Einige ihrer Eigenschaften oder ihr gesamter Persönlichkeitsstil erscheinen dir nachahmenswert. Der Wunsch, ihrem Beispiel zu folgen, kann dich motivieren, dasselbe Ziel erreichen zu wollen. Manchmal kann dieser Wunsch auch beflügeln, sie zu überholen, besonders dann, wenn anfängliche Erfolge zeigen, dass du dies schaffst. Danach könntest auch du zu einem Vorbild für eine bestimmte Gruppe werden.

(Konstantin Kolenda, amerikanischer Philosoph)

1. Haben Cliquen für Jungen und Mädchen eine unterschiedliche Bedeutung? Warum? Warum nicht?
2. Welche Erfahrungen habt ihr mit eurer Clique gemacht? Tauscht euch darüber aus.

Dürfen Jungen weinen und Mädchen Fußball spielen?

Du Weichei

Tobias hat seinen Haustürschlüssel verloren. Und das nun schon zum zweiten Mal in diesem Jahr. „Wie soll ich heute nach der Schule nur in unsere Wohnung hineinkommen?“, überlegt er verzweifelt, „Mama und Papa arbeiten ja beide.“
Tobias kommt ganz aufgelöst in die Klasse, setzt sich sofort hin und legt den Kopf auf die Arme. Er beginnt ganz leise zu schluchzen.

„Was hast du denn?“, fragt Lena, seine Nachbarin.
„Ich habe meinen Haustürschlüssel verloren“, jammert Tobias und dicke Tränen kullern ihm über die Wangen.
„In der 6. Klasse wird nicht mehr geheult!“, frozzelt Jörg und macht Tobias’ Schluchzen nach. „Nur weil er den Schlüssel vermasselt hat, veranstaltet der hier so ein Affentheater. So ein Weichei hat in unserer Klasse nichts zu suchen.“
„Du bist richtig gemein!“, schreit Lena. „Tobias ist traurig und da darf er auch mal weinen.“
„Richtige Männer flennen nicht“, sagt Jörg trotzig und sieht Lena verächtlich an. „Aber davon haben Mädchen eben keine Ahnung!“

1. Was hättet ihr Jörg an Lenas Stelle geantwortet?
2. Wie reagiert ihr in eurer Klasse, wenn ein Junge weint?
3. Warum meinen viele Menschen, dass Jungen nicht weinen dürfen?
4. Wenn Menschen traurig oder ängstlich sind, wie kann man sie trösten? Unterbreitet in kleinen Gruppen Vorschläge.

Gefühle sind nicht erwünscht

Die französische Philosophin Simone de Beauvoir* (1908–1986) hat ein berühmtes Buch geschrieben mit dem Titel „Das andere Geschlecht“. Darin beschreibt sie die Entwicklung von Mädchen und Frauen in verschiedenen Etappen der Menschheitsgeschichte. Sie äußert sich darin auch zur Entwicklung von Jungen.

Kleinen Jungen wird das Kokettieren(1) verboten. „Ein Junge will nicht geküsst sein ... Ein Junge steht nicht vor dem Spiegel ... Ein Junge weint nicht!“, heißt es dann. Er soll ein „kleiner Mann“ sein. Er gefällt den Erwachsenen, wenn er nicht zu gefallen sucht. Deshalb wollen kleine Jungen manchmal viel lieber Mädchen sein ...

(1) kokettieren heißt versuchen, jemandem zu gefallen

Stärke zeigen

Der englische Philosoph John Locke (1632–1704) hat viele Bücher über Moral* geschrieben. Für die Eltern der damaligen Zeit verfasste er auch einen Ratgeber mit dem Titel „Einige Gedanken über Erziehung“. Darin äußert er sich u. a. zum Problem des Weinens. Der Begriff Kinder bezieht sich übrigens nur auf Jungen; im Englischen steht dafür im Original der Begriff „Lord“. Denn zur damaligen Zeit war es nur wichtig, Jungen gut auf das Leben vorzubereiten.

Viele Kinder neigen dazu, bei jedem kleinen Schmerz, den sie fühlen, zu weinen ... Hilf ihnen und schaffe ihnen Erleichterung, so gut du kannst, aber auf keinen Fall bejammere sie. Das verweichlicht ihren Sinn und macht sie nachgiebig gegenüber den kleinen Schmerzen ... Sie sollten abgehärtet werden gegen alle Leiden, besonders des Körpers, und keine Empfindlichkeit kennen ... das bereitet sie am besten auf das Leben vor.

1. Vergleicht die Gedanken von Simone de Beauvoir und John Locke. Welche Position überzeugt euch mehr? Begründet eure Meinung.

Lesetipp

Wenn ihr mehr über das Leben von Simone de Beauvoir und John Locke wissen wollt, dann lest nach: Kleines Lexikon großer Philosophinnen und Philosophen, Militzke, Leipzig 2004.

Warum wehren sich Mädchen nicht?

Die Sache mit den Würstchen

Mathilda und Marie nehmen am Schulsporttag teil. Sie machen eine Rallye durch den Wald. Wenn sie das Ziel erreicht haben, soll gegrillt werden. Deshalb haben sie schon von zu Hause ihre Würstchen mitgenommen.

„Wie ich mich jetzt auf die gegrillten Würstchen freue!“
„Mhm. Wie viele hast du mitgebracht?“
„Vier, und du?“
„Halt!“
Ein lauter Ruf übertönt Mathildas Antwort.
„So wartet doch!“
Arne, Anders und Achim rennen atemlos hinter ihnen her.
„Warum schreit ihr denn so? Wir sind doch nicht taub”, sagt Marie, ohne stehen zu bleiben.
„Wir auch nicht. Aber wenn ihr lauft, knackt es so laut. Wie viele Würstchen habt ihr? Ich konnt's nicht genau hören.“
„Wieso?“
„Ich will wissen, wie viele!“
Arne und Achim gehen an ihnen vorbei und stellen sich ihnen in den Weg. Die Mädchen können weder vor noch zurück; sie sind eingekreist. Marie schaut zu Mathilda, und auch Mathilda sucht den Blick ihrer Freundin. Was sollen sie tun? Sie wagen es nicht, miteinander zu reden.
„Vier”, sagt Mathilda.
„Fünf”, flüstert Marie.
„Klasse, das sind dann neun. Für jeden drei. Her damit!“
„Was?“
„Her mit den Würstchen, hab ich gesagt!“
„Und wir?“
„Wer, wir? Achim, nimm sie ihnen ab!“
„Lass das!”, schreit Mathilda.
Auch Marie sieht wütend aus, sagt aber nichts. Erst als Achim an ihrem Rucksack zerrt, entfährt ihr ein wütendes „Lass das!”
„Nicht aufregen. Wir wollen nur die Würstchen.“

„Das sind meine!“
„Kannst du das beweisen?“
Arne wirft die Tüte mit Mathildas Würstchen wie einen Ball in die Luft.
„Hast du's vielleicht draufgeschrieben? Steht auf den Dingern irgendwo MM?“
Natürlich werden sie später nicht beweisen können, wem die Würstchen gehören. Die Lehrerin wird ihnen niemals glauben, wenn sie ihr erzählen, was hier gerade passiert.
„Können wir nicht teilen?“, flüstert Mathilda. „Jeder bekommt eine, oder zwei.“
Arne sieht plötzlich aus, als würde er in einem Fernsehkrimi mitspielen. Seine Augen werden ganz schmal, er geht ein paar Schritte auf sie zu und reißt ihr den Rucksack vom Rücken.
„Ihr seid selber schuld. Wir nehmen nur das, was uns zusteht.“
„Weiber brauchen nicht so viel zum Essen”, piepst Achim.
„Ganz genau”, stimmt Arne ihm zu. „Weiber sollen so wenig wie möglich essen. Eines Tages werdet ihr uns sogar dankbar sein, dass ihr die Würstchen nicht in euch hineingestopft habt.“
Mathilda und Marie bleiben allein zurück. Sie starren ins Leere …

(Annika Holm, schwedische Schriftstellerin)

1. Wie könnte die Geschichte weitergehen? Entwerft schriftlich eine Lösung und vergleicht eure Ideen in der Klasse.
2. Hätten Marie und Mathilda anders handeln können? Unterbreitet Vorschläge.
3. Arne sagt: Wir nehmen uns nur, was uns zusteht. Wie meint er das?
4. Marie und Mathilda wird später in der Klasse vorgeworfen, dass sie sich nicht gewehrt haben. Wie beurteilt ihr diesen Vorwurf?

Lesetipp:
Wenn euch interessiert, wie die Geschichte ausgeht, dann lest nach, in: Annika Holm: Wehr dich, Mathilda, dtv, München 2001.

Wenn sich Mädchen prügeln

Etwa mit 13 Jahren üben sich Jungen erst richtig in roher Gewalt, entwickelt sich ihre Angriffslust, ihr Wille zur Macht, ihre Lust an der Herausforderung. Genau im gleichen Augenblick verzichtet das Mädchen auf rohe Spiele. Sportliche Betätigung steht ihr offen. Aber der Sport ... bietet keinen Ausgleich dafür, von sich aus und gewohnheitsmäßig zur Gewalt zu greifen.

(Simone de Beauvoir, französische Philosophin)

1. Wie beurteilt ihr die Reaktionen auf die beiden Prügelszenen?
2. Warum finden es viele Menschen normal, dass sich Jungen prügeln, Mädchen aber nicht? Berücksicht bei eurer Antwort auch die Gedanken von Simone de Beauvoir.
3. Simone de Beauvoir sagt, dass sich Mädchen eher von Gewaltspielen abwenden. Ist das ein Nachteil? Begründet eure Meinung.
4. Schreibt in euer Heft, was ihr auf die beiden Reaktionen im Bild oben geantwortet hättet.

Ich bin du

Die französische Philosophin Elisabeth Badinter (geb. 1944) hat ein viel beachtetes Buch geschrieben. Es trägt den Titel „Ich bin du". Darin vertritt sie die These, dass sich heutzutage Mädchen und Jungen bzw. Männer und Frauen in ihrem Verhalten immer mehr angleichen. Die Festlegung auf verschiedene Rollen, wie z. B. Frauen erledigen den Haushalt und Männer verdienen das Geld, verschwindet. Macht einen Test, ob das stimmt.

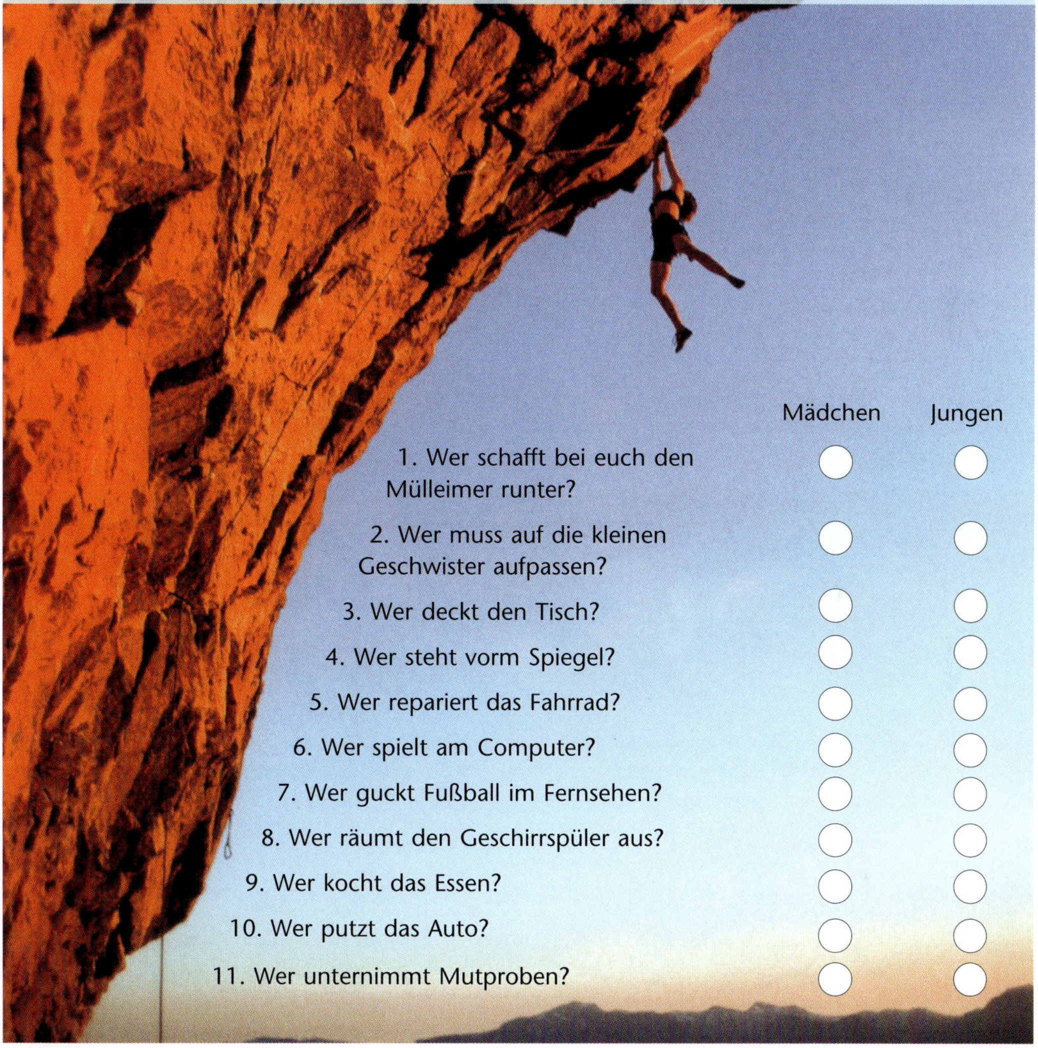

	Mädchen	Jungen
1. Wer schafft bei euch den Mülleimer runter?	○	○
2. Wer muss auf die kleinen Geschwister aufpassen?	○	○
3. Wer deckt den Tisch?	○	○
4. Wer steht vorm Spiegel?	○	○
5. Wer repariert das Fahrrad?	○	○
6. Wer spielt am Computer?	○	○
7. Wer guckt Fußball im Fernsehen?	○	○
8. Wer räumt den Geschirrspüler aus?	○	○
9. Wer kocht das Essen?	○	○
10. Wer putzt das Auto?	○	○
11. Wer unternimmt Mutproben?	○	○

1. Übernehmt die Tabelle in euer Heft und kreuzt an, was bei euch zutrifft.

Vergleicht eure Ergebnisse in der Klasse. Erarbeitet anschließend in kleinen Gruppen Vorschläge, was Jungen und Mädchen gemeinsam auf dem Schulhof machen können, um „liebevoller" miteinander umzugehen.

12. Das Glück ist doch zum Greifen nah

Glück in Sprichwörtern

1. Findet die Sprichwörter heraus und schreibt sie in euer Heft. Erklärt euch gegenseitig, was sie bedeuten.
2. Wählt euch ein Sprichwort aus und schreibt dazu eine kleine Geschichte. Schreibt die Geschichte so, dass nicht gleich durch die ersten Zeilen deutlich wird, welches Sprichwort ihr euch ausgesucht habt. Lasst eure Mitschülerinnen und Mitschüler dann raten.

Lesetipp

Wenn euch weitere Sprichwörter zum Glück interessieren, dann schaut in den Glückskasten „Ich bin ein Glückspilz“ aus dem Militzke Verlag Leipzig. Daher stammen auch die oben abgedruckten Kärtchen.

Dem Glücklichen schlägt eine Stunde

Kartoffeln

Kurz nach meiner Ankunft im Ghetto Theresienstadt 1942 hatte ich das Glück, Arbeit in der Küche zu bekommen, in der aus den spärlichen Zuteilungen der Deutschen für 10 000 Lagerhäftlinge gekocht wurde. Ein Arbeitsplatz in der Küche war im Lager jedermanns Traum.

Eines Tages gab ich Essen auf dem Kasernenhof aus. Ich stand vor einem Kübel wässriger Suppe und teilte mit einer Suppenkelle die fade Flüssigkeit an eine Menschenmenge aus, die stundenlang vor mir Schlange stand.

Ein alter Mann, der an der Reihe war, flüsterte mir zu: „Bitte, Fräulein, geben Sie mir etwas vom Bodensatz, ich habe solchen Hunger!" Er hoffte auf ein Stück Steckrübe oder gar eine Kartoffel am Boden des Kübels. Als ich aufsah, merkte ich zu meiner Bestürzung, dass es mein Großvater war. Um ihn nicht zu beschämen, tat ich so, als würde ich ihn nicht erkennen.

Noch am selben Tag stahl ich beim Saubermachen in der Küche zwei gekochte Kartoffeln. Ich versteckte sie und schmuggelte sie trotz der täglichen Leibesvisitationen heraus, die wir beim Verlassen der Küche über uns ergehen lassen mussten.

Nach der Arbeit lief ich sofort los, um meinen Großvater in dem kleinen Raum, den er mit vielen anderen alten Männern teilte, zu besuchen. Ich setzte mich zu ihm auf die kleine Strohmatratze, die ihm als „Lebensraum" zugeteilt war.

Ich gab meinem Großvater die zwei gekochten Kartoffeln, die ich gestohlen hatte. Er zog sein Taschenmesser aus der Hosentasche, schnitt sie in Scheiben und teilte sie mit mir. Wir lächelten uns mit Verschwörermienen an. Es war ein Augenblick des Glücks, den wir inmitten der traurigen Wirklichkeit miteinander teilten.

(Hana, 14 Jahre)

1. Warum empfindet Hana diesen Augenblick als Glück?

Macht ein Interview mit euren Großeltern und fragt sie nach besonderen Augenblicken des Glücks in ihrem Leben. Vergleicht anschließend eure Interviews. Könnt ihr etwas finden, das in allen Interviews gleich ist?

Zwei Tipps

-> Wenn ihr noch mehr über Hanas Erinnerungen im Ghetto von Theresienstadt erfahren wollt, dann lest Hana Greenfields Buch „Von Kolin nach Jerusalem", Konkret Literatur Verlag, Hamburg 1999.

-> Wenn ihr mit dem Auto von Dresden nach Prag fahrt, dann kommt ihr durch den Ort Terezin, auf Deutsch Theresienstadt. Ungefähr in der Mitte der Stadt fallen euch rötliche alte Mauern auf. Das waren die Festungsmauern des ehemaligen Ghettos Theresienstadt, in das die Nazis ab 1940 Tausende von jüdischen Frauen, Männern und Kindern auf engstem Raum zusammentrieben, bevor sie in die Vernichtungslager nach Auschwitz oder Maidanek abtransportiert wurden.

Wenn ihr noch mehr darüber wissen wollt, schaut im Internet unter www.terezinstudies.cz/deu/main nach.

Glück

Wir saßen,
wir standen auf,
gingen;
wir stiegen ein,
fuhren
und kamen an.

Wir legten an
mit unserm Kahn
an einer Felseninsel.
Die Insel war klein,
doch mit Buschwerk, Gestein
eine Urwelt für uns ganz allein.

(Josef Guggenmos, Dichter)

1. Schreibt eine kleine Geschichte darüber, was ihr auf einer Traum- oder Glücksinsel machen würdet und lest euch eure Geschichten gegenseitig vor.
2. Vergleicht anschließend beide Augenblicke des Glücks miteinander. Wodurch unterscheiden sie sich und was haben sie gemeinsam?

Das größte Glück für alle

Kann ich machen, was ich will?

Den Philosophen Sokrates habt ihr schon kennen gelernt. Er führte mit vielen Menschen in Athen philosophische Gespräche (siehe auch die Seite 18 im Lehrbuch). Ein wichtiges Thema war dabei das Glück.

Eines Tages traf Sokrates vor fast 2 500 Jahren im Hause eine Freundes den zwölfjährigen Lysis. „Deine Eltern wollen doch, dass du glücklich bist, Lysis, und trotzdem darfst du nicht machen, was du willst?“ lassen sie machen, was er will, dich aber nicht?“ Lysis nickte und schwieg. Er sah nicht glücklich aus.

„Und wenn du Lyra[1] spielen willst?“, begann Sokrates das Gespräch von Neuem.

Das Schlaraffenland, Pieter Bruegel, 1567

„So ist es, Sokrates“, antwortete Lysis traurig. „Sie hindern mich mit Gewalt daran, dass zu tun, wozu ich Lust habe.“

Sokrates dachte eine Weile nach. Dann sagte er zu Lysis: „Wenn du also einen Wagen lenken möchtest ...“

„Dann macht das ein Wagenlenker, denn der weiß, wie man einen Wagen lenkt“, fiel ihm Lysis ins Wort. Sokrates nickte und schwieg für eine Weile. „Aber ein Maultiergespann darfst du doch sicherlich führen und die Peitsche nehmen ...“

„Darf ich nicht“, sagte Lysis mit erregter Stimme. „Das macht der Knecht.“

„Wie?“, fragte Sokrates erstaunt, „den Knecht

„Das darf ich!“, schrie Lysis freudig und sprang auf. Er zeigte Sokrates mit kleinen Handbewegungen, wie er manchmal auf der Lyra spielte. Sokrates lächelte.

„Und Buchstaben schreiben?“

„Darf ich auch“, antwortete Lysis lässig.

„Aber wie kommt es, dass du das eine darfst, das andere aber nicht?“, sagte Sokrates nach einer Weile.

Lysis schwieg und runzelte die Stirn.

„Vielleicht hängt es damit zusammen, dass ich das eine gut kann, das andere aber nicht.“

(Frei nach dem Dialog „Lysis“ des griechischen Philosophen Platon)*

(1) Saiteninstrument

1. Warum darf Lysis nicht das tun, wozu er Lust hat? Findet noch weitere Gründe.
2. Seid ihr auch glücklich, wenn ihr tun und lassen könnt, was ihr wollt? Begründet euren Standpunkt in einem Brief an Lysis.

Lust und Unlust

Der griechische Philosoph Aristoteles* sagte, dass es das höchste Ziel für alle Menschen sein müsse, glücklich zu werden. Mit Glück meinte er die Zufriedenheit mit dem Leben insgesamt.
Nach Ansicht des englischen Philosophen John Stuart Mill* lässt sich die Zufriedenheit aber nur erreichen, wenn die Menschen Handlungen vermeiden, die mit Unlust verbunden sind.

Handlungen sind nur in dem Maße moralisch richtig, als sie die Tendenz haben, Glück zu befördern, und insoweit moralisch falsch, als sie die Tendenz haben, das Gegenteil von Glück zu bewirken. Unter Glück ist dabei Lust und das Freisein von Unlust, unter Unglück Unlust und das Fehlen von Lust zu verstehen [...]
Eine solche Lebensauffassung stößt bei vielen Menschen [...] auf Abneigung. Der Gedanke, dass das Leben (wie sie sagen) keinen höheren Zweck habe als die Lust, kein besseres und edleres Ziel des Wollens und Strebens, erscheint ihnen im äußersten Grade als niedrig und gemein; als eine Ansicht, die nur der Schweine würdig wäre.

(John Stuart Mill, englischer Philosoph)

1. Was haltet ihr von Mills Auffassung, Glück als Lust zu bestimmen? Begründet eure Meinung.
2. Könntet ihr zustimmen, dass das höchste Ziel im Leben die Lust sein sollte? Sammelt Argumente dafür und dagegen.
3. Welchen Rat würde John Stuart Mill Lysis geben?
4. Haltet ein Kurzreferat über das Leben von John Stuart Mill. Verwendet dafür u. a. als Literaturgrundlage: Kleines Lexikon großer Philosophinnen und Philosophen, Militzke Verlag, Leipzig, 2004.

Immer und ewig glücklich?

Vom Fischer und seiner Frau

Da ging der Mann hin, und seine Frau saß nicht mehr in dem alten Pott, aber es stand nun eine kleine Hütte da, und seine Frau saß vor der Tür auf einer Bank. Da nahm ihn seine Frau bei der Hand und sagte zu ihm: „Komm nur herein, siehst du, nun ist das doch viel besser.“ Da gingen sie hinein, und in der Hütte war ein kleiner Vorplatz und eine kleine hübsche Stube und eine Kammer, wo für jeden ein Bett stand, und Küche und Speisekammer und ein Geräteschuppen waren auch da, und alles war auf das schönste und beste eingerichtet mit Zinnzeug und Messingzeug, wie sich das so gehört. Und hinter der Hütte, da war auch ein kleiner Hof mit Hühnern und Enten und ein kleiner Garten mit Gemüse und Obst [...]

Da ging er fort, und als er ankam, war da eine große Kirche von lauter Palästen umgeben. Da drängte er sich durch das Volk. Innen war aber alles mit tausend und tausend Lichtern erleuchtet, und seine Frau war in lauter Gold gekleidet und saß auf einem noch viel höheren Thron und hatte drei große goldene Kronen auf, und rings um sie herum standen viele vom geistlichen Stand, und auf beiden Seiten neben ihr, da standen zwei Reihen Lichter, das größte so dick und so groß wie der allergrößte Turm bis hinunter zum allerkleinsten Küchenlicht, und alle die Kaiser und die Könige, die lagen vor ihr auf den Knien und küssten ihr den Pantoffel [...]

Damit gingen sie beide zu Bett, aber sie war nicht zufrieden, und die Gier ließ sie nicht schlafen, sie dachte immer, was sie noch mehr werden könnte.

1. Warum sind der Fischer und seine Frau nicht glücklich geworden?
2. Was haben Wünsche mit dem Glücklichsein zu tun?
3. Welche Rolle spielen Wünsche in deinem Leben? Schreibe dazu eine kleine Geschichte mit dem Titel „Mein größer Wunsch wäre es ...“
4. Stelle eine Liste mit deinen zehn wichtigsten Wünschen zusammen. Vergleicht eure Wünsche anschließend in der Klasse.

Die Erlebnismaschine

Man stelle sich eine Erlebnismaschine vor, die einem jedes gewünschte Erlebnis vermittelt. Super- und Neuropsychologen können das Gehirn so reizen, dass man glaubt und das Gefühl hat, man schreibe an einem großen Roman, schlösse Freundschaft oder läse ein interessantes Buch. Dabei schwimmt man die ganze Zeit in einem Becken und hat Elektroden ans Gehirn angeschlossen.

(Robert Nozick, amerikanischer Philosoph)*

1. Würdet ihr euch an eine solche Maschine anschließen lassen? Welche Gründe sprechen dafür, welche dagegen?
2. Wäre es für euch erstrebenswert, jeden Tag ein Glückserlebnis zu haben? Warum? Warum nicht?
3. Könntet ihr euch auch vorstellen, ein ganzes Leben lang immer nur glücklich zu sein? Begründet eure Meinung.

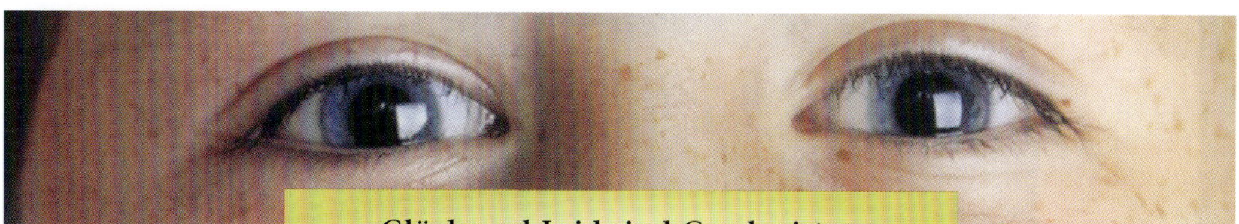

Glück und Leid sind Geschwister.
(Michel de Montaigne, französischer Philosoph)

4. Stimmt ihr Montaigne zu? Warum? Warum nicht?
5. Gestaltet ein Bild oder eine Collage zu diesem Aphorismus.

Anhang

Wichtige Adressen und Internetkontakte

amnesty international
Sektion der Bundesrepublik Deutschland e. V.
53108 Bonn
www.amnesty.de

Bildungs- und Begegnungsstätte für jüdische Geschichte und Kultur Sachsen e.V.
Pulsnitzer Straße10
01099 Dresden
Tel.: 0351/8 02 04 89
www.hatikva.de

Bundesarbeitsgemeinschaft Aktion Jugendschutz
Emmermannstr. 32
55116 Mainz
Tel.: 06131/22 33 60

Internet Notruf Deutschland e. V.
www.internet-notruf.de

Bundeszentrale für politische Bildung
Adenauerallee 86
53113 Bonn
Tel.: 01888/515 0
Fax: 01888/515 113
E-Mail: info@bpb.de
www.bpb.de

Deutsche UNICEF
www.unicef.de

Gesellschaft für bedrohte Völker
37010 Göttingen
www.gfbv.de

DKSB BundesArbeitsGemeinschaft Kinder- und Jugendtelefon e. V.
Kleiner Werth 34
42275 Wupertal
Tel.: 0202/25 90 59-0
Fax: 0202/25 90 59-19
www.kinderundjugendtelefon.de

Kinder- und Jugendtelefon
Tel.: 0800/1 11 03 33
Montag bis Freitag 15 bis 19 Uhr

Deutscher Kinderschutzbund e. V.
Domagkweg 8
42109 Wuppertal
Tel.: 0202/75 44 65
Fax: 0202/75 53 54

Kinder- und Jugend-Notruf-Telefon, rund um die Uhr
Tel.: 0800/2 22 58 88

Mobbing, Psychoterror
Tel.: 0800/7 77 66 65
Montag bis Freitag von 13 bis 16 Uhr
www.kidsmobbing.de

Plan International Deutschland e.V
Bramfelder Str. 70
22305 Hamburg
Tel.: 040/61 14 00
Fax: 040/61 14 01 40
www.plan-deutschland.de

Sächsische Landeszentrale für politische Bildung
Schützenhofstraße 36
01129 Dresden
Tel.: 0351/8 53 18 0
Fax: 0351/8 53 18 55
www.sorgenchat.de
Montag bis Freitag 17 bis 20 Uhr

Stiftung Weltethos
Waldhäuser Strasse 23
72076 Tübingen
Tel.: 07071/6 26 46
Fax: 07071/61 01 40
E-mail: office@weltethos.org
www.weltethos.org

terre des hommes Deutschland e. V.
Ruppenkampstr. 11a
Postfach 4126
49031 Osnabrück
Tel.: 0541/7 10 10
Fax: 0541/70 72 33
www.tdh.de

Literaturnachweis

S. 11 Gloria Whelan: Hannahs größter Wunsch. Klopp, München 1993

S. 13 Jostein Gaarder: Der rätselhafte Planet. In: Das Kartengeheimnis, Carl Hanser Verlag, München 1992

S. 21 Der Rauschgiftring. In: Falcon Travis: Knifflige Fälle für Spürnasen und Freizeit-Detektive, Verlag an der Este, Buxtehude 1993, S. 87

S. 27 Jonathan Swift: Gullivers Reisen, Insel Verlag, Frankfurt a. M. 1981

S. 29 Roland Simon Schäfer: Kleine Philosophie für Berenike, Reclam, Stuttgart 2001, S. 45 f.

S. 30 Ronald Reed: Kinder möchten mit uns sprechen, Verlag für Kinder und Eltern, Hamburg 1990, S. 35 f.

S. 36 Ursula Wilhelm: Vom Anfang aller Zeiten ... Schöpfungsmythen verschiedener Kulturen, Militzke Verlag, Leipzig 1998, S. 25 ff.

S. 37 Marlo Morgan: Traumfänger, Goldmann, München 1998

S. 38 Neil Philip: Mythen visuell, Gerstenberg, Hildesheim 1999

S. 39 Platon: Werke in 8 Bdn., Bd. 1: Ion. Hippias II. Protagoras, Darmstadt

S. 41 Ester Bisset/Martin Palmer: Die Regenbogenschlange, Zytglogge Verlag, Bern 1987

S. 43 Peter Bichsel: Kindergeschichten, Hermann Luchterhand Verlag, Darmstadt 1969, S. 5 ff.

S. 45 Jostein Gaarder: Sofies Welt, Hanser Verlag, München 1993, S. 41, 43

S. 46 Barbara Brüning: Nicki sucht das Ende des Himmels, Verlag für Kinder und Eltern Hamburg 1993, S. 15 f.

S. 50 f. Stephen Law: Philosophie – Denken ohne Grenzen, Arena Verlag, Würzburg 2004, S. 124 ff.

S. 52 Johann Wolfgang von Goethe: Lektüre für Augenblicke, Insel Verlag, Frankfurt a. M. 1997, S. 131, 134

S. 53 Luciano de Crescenzo: Lob des Zweifels, Philosophische Betrachtungen, Goldmann Verlag, München 1996, S. S. 97 f.

S. 58 Per Jespersen: Der Zauberteig und andere Geschichten für Kinder, Hamburg 1988, S. 14 f.

S. 62 Vittorio Hösle: Das Café der toten Philosophen, Beck, München 1998, S. 29 ff.

S. 64 I. Turgenjew: Die Wachtel. In: ders.: Mumu und andere Erzählungen, Kinderbuchverlag, Berlin 1981

S. 65 Erich Fried: Nur ein Frosch? In: Anfechtungen, Verlag Klaus Wagenbach, Berlin 1967

S. 66 Albert Schweitzer: Aus der Predigt – Die Ehrfurcht vor dem Leben, München 1982

S. 70 Claus Bremer. In: Das Sprachbastelbuch. Hg. v. Mira Lobe, Wien/München 1975

S. 70 Jakob Wassermann: Kasper Hauser oder die Trägheit des Herzens, Deutscher Taschenbuchverlag, München 1983, S. 11

S. 71 Christine Nöstlinger: Ein und alles, Beltz Verlag, Weinheim 1992, S. 110

S. 71 Irmela Brender: Gedichte für Anfänger. Hg. v. Joachim Fuhrmann, Rowohlt, Reinbek b. Hamburg 1980, S. 20

S. 73 Hugo Ernst Käufer. In: Poesiekiste, Rowohlt, Reinbek b. Hamburg 1990

S. 73 Fernando Savater: Ethik für Erwachsene von morgen, Bonn 1996, S. 65

S. 74 Bernhard Lins: Ich will dich heute nicht sehen. In: Großer Ozean. Gedichte für alle. Hg. v. Hans-Joachim Gelberg, Beltz, Weinheim 2000, S. 162

S. 74 Christine Nöstlinger: Ein und Alles, Beltz, Weinheim 1992, S. 68

S. 75 Arthur Schopenhauer: Sämtliche Werke, Bd. 6, Brockhaus, Wiesbaden 1947, S. 15

S. 75 Marlies Winkelheide. In: Traumwelten. Hg. v. Hajo Bücken, Offenbach/M. 1993, S. 139

S. 76 Christine Nöstlinger: Ein und alles, Beltz, Weinheim 1992, S. 28

S. 76 Bernard Mandeville: Die Bienenfabel, Suhrkamp Verlag, Frankfurt a. M. 1968, S. 92

S. 77 Mark Twain: Tom Sawyers Abenteuer, Inselverlag, Frankfurt a. M. 1974

S. 77 Fernando Savater: Ethik für Erwachsene von morgen, Bonn 1996, S. 73 f.

S. 78 Susanne Kilian. In: Geh und spiel mit dem Riesen. Hg. v. Hans-Joachim Gelberg, Beltz, Weinheim 1971

S. 82 Christine Nöstlinger: Ein und Alles, Beltz, Weinheim 1992, S. 111

S. 82 Nasrin Siege. In: Großer Ozean. Hg. v. Hans-Joachim Gelberg, Beltz, Weinheim 2000, S. 169

S. 83 Benno Schick/Andrea Kwasniok: Die Rechte der Kinder von logo einfach erklärt, Berlin 2001, S. 55

S. 84 Petra Pinzler. In: DIE ZEIT v. 15.9.1995

S. 84 Marie Dorigny/Sorj Chalandon: Kinder in Ketten, Ariston Verlag, München 1993

S. 85 Nazif Telek. In: Großer Ozean. Hg. v. Hans-Joachim Gelberg, Beltz, Weinheim 2000, S. 207

S. 86 Erich Fried. In: Großer Ozean. Hg. v. Hans-Joachim Gelberg, Beltz, Weinheim 2000, S. 168

S. 86 Christine Nöstlinger: Ein und alles, Beltz, Weinheim 1992, S. 28

S. 87 Wenn nur die Menschen nicht wären. In: PZ, Nr. 50, Bonn 1987, S. 12

S. 90 Unicef Nachrichten, Ausgabe 2/2003, S. 14 ff.
S. 92 Ann Ladiges: Hau ab, du Flasche, Hamburg 1987, S. 21 f.
S. 95 Konfuzius: Gespräche, Reclam, Stuttgart 2003, S. 98
S. 98 Nassera Chohra: Ich wollte nicht mehr schwarz sein, dtv, München 1998, S. 69 ff.
S. 101 Günther Gugel: Mobbing. Themenblätter für den Unterricht, Bonn, S. 3
S. 105 Balthasar Gracián: Handorakel und Kunst der Weltklugheit, Herder, Freiburg 1999, S. 103
S. 107 Michel de Montaigne: Über die Lügner, Essays, Bd. 1, Goldmann, München 2000, S. 55
S. 110 Michel de Montaigne: Über die Lügner, a. a. O., S. 57
S. 112 Peter Hacks: Der blaue Hund. Großer Ozean. Hg. v. Hans-Joachim Gelberg, Beltz & Gelberg, Weinheim 2000, S. 186
S. 113 Wilhelm Busch. In: Ulrich Wickert: Das Buch der Tugenden, Heyne, München 1998, S. 181
S. 116 Monika und Udo Tworuschka: Die Weltreligionen Kindern erklärt, Gütersloher Verlagshaus, Gütersloh 1996, S. 6
S. 117 Biblische Geschichten, Norhaven Book, Dänemark 2004, S. 88 f.
S. 118 Bibel, Altes Testament, Exodus 19, 1–19
S. 119 Bibel, Altes Testament, Exodus 20, 1–17
S. 120 Bibel, Altes Testament, 1 Sam 17, 1–58
S. 120 f. David und Goliath. In: Die Schulbibel. Butzon & Bercker, Katholisches Bibelwerk Kösel Patmos, S. 58 ff.
S. 122 Der Bau des Tempels. In: Die Schulbibel. Butzon & Bercker, Katholisches Bibelwerk Kösel Patmos, S. 5860 ff.
S. 123, 125 Christine Clément: Theos Reise, Hanser Verlag, München 1998, S. 60 f., S. 81 f.
S. 127 Berta Gumprich: Vollständiges Praktisches Kochbuch für die jüdische Küche. WVT Wissenschaftlicher Verlag, Trier
S. 128 Juden in Sachsen: ihr Leben und Leiden. Hg. v. der Gesellschaft für Christlich-Jüdische Zusammenarbeit Dresden, Evangelische Verlagsanstalt, Leipzig 1994, S. 74
S. 129 Polizeibericht der Polizeihauptwache Riesa v. 3.8.1935
S. 131 Zur Sempersynagoge in Dresden. In: Mitteldeutsche Zeitung v. 9.11.2001
S. 132 Antoine de Saint-Exupéry: Der kleine Prinz, Düsseldorf 1956, S. 64 ff.
S. 133 Tahar Ben Jelloun: Papa, was ist ein Fremder? Berlin 1999, S. 17
S. 133 Renate Welsh: Max, der Neue, Würzburg 1999, S. 9
S. 134 Zeitlupe 33, Vorurteile, Bonn 1996. S. 2
S. 135 Roswitha Fröhlich. In: Die Erde ist mein Haus. Hg. v. Gelberg, Hans-Joachim. Beltz, Weinheim 1988, S. 294
S. 136 Gerhard Schöne: LP Menschenskind, 1984
S. 136 Tahar Ben Jelloun: Papa, was ist ein Fremder? Berlin 1999, S. 88
S. 137 Richard Bach: Die Möwe Jonathan, Frankfurt a. M. 1991, S. 23 f.
S. 138 Lesebuch Deutsch 5, Volk und Wissen, Berlin 1994, S. 67 ff.
S. 141 Nach Zeitlupe 3, Vorurteile, S. 20 f.
S. 142 Fernando Savater: Ethik für Erwachsene von morgen, Bonn 1996, S. 99 f.
S. 143 PZ Nr. 96, Grundrechte, S. 6
S. 146 Nassera Chohra: Ich wollte nicht mehr schwarz sein, dtv, München 1996, S. 6 f.
S. 147 Christine Nöstlinger: Ein und Alles. Beltz Verlag, Weinheim 1992, S. 106
S. 148 Ich, du und die anderen. Eine Information für Schüler/innen, 2/2001, Aktion Mensch
S. 150 Mary Wollstonecraft: Ein Plädoyer für die Rechte der Frau, Verlag Hermann Böhlaus Nachfolger, Weimar 1999, S. 104
S. 151 Konstantin Kolenda: Ethik für die Jugend, Verlag für Eltern und Kinder, Hamburg 1986, S. 70
S. 153 Simone de Beauvoir: Das andere Geschlecht, Rowohlt, Reinbek b. Hamburg 1989, S. 267
S. 153 John Locke: Einige Gedanken über Erziehung, Reclam, Stuttgart 1997, S. 135
S. 154 Annika Holm: Wehr dich, Mathilda, dtv, München, 2001, S. 37 ff.
S. 156 Simon de Beauvoir: Das andere Geschlecht, a. a. O., S. 316
S. 161 Josef Guggenmos. In: Großer Ozean. Gedichte für alle. Hg. v. Hans-Joachim Gelberg, Beltz & Gelberg, Weinheim 2000, S. 192
S. 163 John Stuart Mill. In: Einführung in die utilitaristische Ethik. Hg. v. Otfried Höffe, Beck, München 1975, S. 60

Glossar

Aborigines
ist die englische Bezeichnung für die Ureinwohner Australiens. Die Aborigines leben nach festen Traditionen noch sehr naturverbunden und gliedern sich in eine große Anzahl von Stämmen mit selbstständigen Sprachen.

Akropolis
heißt auf Griechisch „Hochstadt". Damit ist eine burgähnliche Anlage gemeint, die meist auf einem Felsen über einer griechischen Stadt liegt. Die Akropolis von Athen ist die bekannteste dieser Anlagen. Sie enthält viele Tempel und Heiligtümer, die zu Ehren verschiedener Götter errichtet wurden. Der bekannteste Tempel wurde der Göttin Athena gewidmet.

Akrostichon
ist eine Art Gedicht, bei dem die Anfangsbuchstaben zusammengelesen ein Wort ergeben. Alle verwendeten Wörter müssen etwas mit dem Ausgangsbegriff zu tun haben.

Aristoteles (384–322 v. Chr.)
war ein bedeutender griechischer Philosoph, der in Athen und Makedonien lebte. Er sammelte das Wissen seiner Zeit und leistete einen wichtigen Beitrag zur Entwicklung von Logik und Physik. Besondere Verdienste erwarb er sich auf dem Gebiet der Ethik, der Wissenschaft vom moralisch guten Handeln. Aristoteles schrieb das berühmte Buch „Die Nikomachische Ethik", das er seinem Sohn Nikomachos widmete.

Aspasia von Milet (460–401 v. Chr.)
kam im Alter von 20 Jahren nach Athen. Sie wurde die zweite Frau des bekannten athenischen Politikers Perikles (ca. 495–429), der die Akropolis von Athen erbauen ließ. Aspasia gründete als erste Frau einen Salon, in dem philosophiert wurde. Dort durften auch Frauen an den Gesprächsrunden teilnehmen. Stammgäste waren die Philosophen Sokrates und Protagoras. Aspasia war die Lehrerin von Sokrates. Sie unterrichtete ihn in philosophischer Gesprächsführung.

Beduinen (arabisch für Nomaden)
sind Wanderhirten, die vorwiegend von der Viehzucht leben und mit ihren Tieren von Weideland zu Weideland ziehen. Sie wohnen in Zelten.

Bethlehem
liegt ca. 7 km südlich von Jerusalem entfernt und ist für die Christen eine heilige Stadt. Hier soll Jesus von Nazareth in einem Stall geboren worden sein. Auch für die Juden ist Bethlehem eine heilige Stadt. Einer der zwölf Stämme – der Stamm Juda – hatte hier sein Zuhause. König David wurde ebenfalls in Bethlehem geboren.

Chagall, Marc (1887–1985)
war ein jüdischer Maler aus Wittebsk, der sich in farbenprächtiger und fantastischer Weise besonders der Darstellung vieler Legenden der Bibel widmete.

de Beauvoir, Simone (1908–1986)
gehört zu den wichtigsten französischen Philosophinnen und Schriftstellerinnen des 20. Jahrhunderts. Sie wurde in Paris in einer wohlhabenden Familie geboren und arbeitete nach dem Studium zunächst als Philosophielehrerin. Bereits mit 14 Jahren hatte sie beschlossen, nicht mehr an Gott zu glauben und Bücher zu schreiben. Zu ihren wichtigsten philosophischen Themen gehören die Gleichberechtigung zwischen Frau und Mann, die Frage nach der Freiheit des Menschen und das Alter als Vorbereitung auf den Tod.

Ethik
wird von dem griechischen Wort *ethos* abgeleitet, was auf Deutsch so viel wie Gewohnheit, Sitte oder Regel bedeutet. Die Ethik ist eine wichtige Disziplin der Philosophie, die oft auch als praktische Philosophie oder Moralphilosophie bezeichnet wird. Sie beschäftigt sich mit der Frage nach dem moralisch guten menschlichen Handeln: Ist es beispielsweise moralisch gerechtfertigt, Papier einfach auf die Straße zu werfen oder andere Menschen zu beleidigen, wenn ich mal einen schlechten Tag erwischt habe?

Freundschaft
gehört zu den ältesten Tugenden (moralisch guten Lebenseinstellungen) der Ethik. Der griechische Philosoph Aristoteles (384–322 v. Chr.) unterschied zwei Arten von Freundschaft: die vollkommene und die unvollkommene Freundschaft.
Die unvollkommene Freundschaft ist eine Freundschaft, die aus Lust oder um einen Nutzen zu haben geschlossen wird. Da tun sich zwei zusammen, meinte Aristoteles, die sich aus ihrer Freundschaft einen Vorteil erhoffen. Diese endet, „sobald der Nutzertrag" aufhört. Demgegenüber liegen in einer vollkommenen Freundschaft zwei Menschen auf gleicher Wellenlänge und wünschen einander Gutes. Es herrscht Vertrauen zwischen zwei Gleichgesinnten.

Glück
ist ein Zustand des Wohlfühlens, in dem alles nach „Wunsch und Willen" verläuft. So urteilte jedenfalls der deutsche Philosoph Immanuel Kant (1724–1804), der in der Wunscherfüllung einen der wesentlichen Aspekte des Glücks sah.
Andere Philosophinnen und Philosophen meinten, dass der Mensch nur glücklich sein könne, wenn er keine Wünsche habe.
Für Aristoteles war das Glück der Maßstab zur Einschätzung eines ganzen Lebens. Wenn wir also jemanden glücklich oder unglücklich nennen, so beurteilen wir sein Leben insgesamt: wenn es beispielsweise tugendhaft ist, so bezeichnen wir es als ein gelungenes Leben. Dieses setzt eine moralische Lebensführung voraus, die sich der Mensch durch das Erlernen und Einüben von Tugenden (moralisch guten Lebenseinstellungen) aneignen kann.

Holocaust
heißt „Ganzopfer" oder „totale Vernichtung". Von 1940–1945 töteten die deutschen Nationalsozialisten rund 6 Millionen jüdische Menschen in Europa.

Integration
ist die Eingliederung einzelner Teile in ein größeres Ganzes. In der Gesellschaft ist damit die Eingliederung von Menschen aus anderen Staaten gemeint.

Israeliten
geht auf Jakob, einen Sohn Isaaks und Rebekkas zurück (der andere Sohn war Esau). Jakob erhielt später den Namen Israel. Das Volk Israels sah in ihm seinen Stammvater. Seine zwölf Söhne wurden die Begründer der zwölf Stämme Israels.

Jahwe
ist die jüdische Bezeichnung für Gott, die aber aus Ehrfurcht vor ihm nicht ausgesprochen wird. Übersetzt heißt Jahwe „Ich bin da"; das heißt, dass Gott verspricht, immer für die Gläubigen da zu sein. Juden ersetzen das Wort Jahwe durch „Adonai", das ist das hebräische Wort für „Herr".

Judentum
ist eine religiöse und ethnische Gemeinschaft, die nach ihrem Selbstverständnis Abraham als ihren Stammvater betrachtet.
Die Juden bekennen sich zu Jahwe als den einen Gott, dem der Mensch ohne Mittler gegenübersteht und dessen Wille in der Thora niedergelegt worden ist.

Kant, Immanuel (1724–1804)
war ein bedeutender deutscher Philosoph der Aufklärung. Mit den Fragen „Was kann ich wissen? Was soll ich tun? Was darf ich hoffen? Was ist der Mensch?" hat er verdeutlicht, welche Fragen die Philosophie beantworten will.

Klagemauer
ist die einzige erhaltene Mauer im Westen des zweiten, im Jahre 70 n. Chr. von den Römern zerstörten Tempels in Jerusalem. Sie ist ein heiliger Ort des Judentums.

Konfuzius (551–479 v.Chr.)
war einer der bedeutendsten chinesischen Philosophen. Im Mittelpunkt seines Denkens steht die Frage, wie der Mensch ein gutes Leben führen kann. Dazu haben die Schüler des Konfuzius ein Buch mit Ratschlägen ihres Meisters zusammengestellt, das den Namen „Lynyu" (Gespräche) trägt. Konfuzius hat selbst keine Bücher geschrieben.

Kosmologie
Der Begriff setzt sich aus den griechischen Wörtern *Kosmos* für Ordnung und *Logos* für Lehre oder Vernunft zusammen. Die Kosmologie beinhaltet demzufolge im weiteren Sinne die Lehre von der Weltordnung und im engeren Sinne die Lehre von der Entstehung des Weltalls.

Langeweile
wird in der Literatur häufig auch als Müßiggang bezeichnet. Gegenbegriffe dazu sind Kurzweil oder erfüllte Zeit im Sinne von Beschäftigung oder Unterhaltung. Während die Arbeit als zielgerichtetes Tun charakterisiert wird, gehört die Langeweile zum Bereich der Freizeit. Mit ihr werden Situationen wie „nichts tun, mit sich nichts anzufangen wissen, auf nichts Lust haben, sich ausruhen, einfach nur herumhängen" verbunden.

Mattheuer, Wolfgang (1927–2004)
wurde in Reichenbach im Vogtland geboren. Er gehörte zu den bedeutendsten Malern in der ehemaligen DDR und erhielt für sein künstlerisches Schaffen zahlreiche internationale Preise.
Zu seinen Themen gehören u.a. Einsamkeit und Freiheit des Menschen, Jung und Alt sowie die Darstellung verschiedener deutscher Landschaften.

Mill, John Stuart (1806–1873)
war ein berühmter englischer Philosoph und Wirtschaftswissenschaftler. Er gilt als Mitbegründer der philosophischen Richtung des Utilitarismus, die menschliches Handeln am Prinzip der Nutzens für die Gemeinschaft und den Einzelnen misst. Mill musste bereits mit 3 Jahren unter der Obhut seines Vaters Griechisch und Latein lernen und durfte nie mit anderen Kindern spielen. Dies führte dazu, dass er sich in seinem Leben oft einsam fühlte und darüber sehr traurig war. Gemeinsam mit seiner Frau, der Philosophin Harriet Taylor-Mill (1807–1858) setzte er sich für die Rechte der Frauen wie z. B. das Wahlrecht ein.

Moral
In dem Begriff Moral steckt das lateinische Wort *mos*. Es heißt auf Deutsch Gewohnheit oder Sitte. Damit ist gemeint, dass sich die Menschen in ihren Handlungen nach bestimmten Umgangsformen richten sollen. Diese werden oft von einer Generation an die andere weitergegeben. So ist es z. B. moralisch gut, andere Menschen zu grüßen, kein Papier auf die Straße zu werfen oder Notleidenden zu helfen. Allerdings könnte das bei den Eskimos oder den Afrikanern ganz anders sein.

Mythos
Das Wort Mythos stammt aus dem Griechischen und heißt auf Deutsch Rede oder Erzählung. Ein Mythos ist eine überlieferte bildhafte Vorstellung vom Ursprung der Welt, der Menschen und Götter sowie ihren Schicksalen. Ein Allerzeuger-Mythos erzählt davon, wie ein Gott oder mehrere Götter das Weltall geschaffen haben.

Natur
wird von dem lateinischen Wort *natura* abgeleitet, was auf Deutsch Geburt heißt. Sie ist der Gegenbegriff zur Kultur. Natur umfasst alle Vorgänge, die eigenständig ohne das Zutun des Menschen ablaufen, also Wachsen, Werden und Vergehen. In einer zweiten Bedeutung ist damit auch das Wesen oder die Beschaffenheit einer Sache gemeint: Der Kern oder das Wesen der Philosophie ist das Nachdenken über wichtige Lebensfragen.

Naturreligion
Der Begriff Naturreligion bezeichnet die Glaubensvorstellungen der Naturvölker Afrikas, Amerikas und Australiens, die sich eine eigene Götterwelt geschaffen haben. Diese wird durch magische Praktiken wie z. B. Beschwörungs- und Zauberformeln, Opfergaben sowie Lieder und Tänze verehrt.

Norm
Das Wort basiert auf dem lateinischen Wort *norma*. Die Norma war für einen römischen Baumeister die Richtschnur für den Entwurf eines Bauwerkes. Heutzutage gelten Normen im Sinne von allgemeinen Vorschriften in verschiedenen Bereichen unseres Lebens, z. B. im Bau oder im Straßenverkehr.
Innerhalb der Ethik sind Normen allgemeine Vorschriften bzw. eine wünschenswerte Richtschnur

für moralisch gutes Handeln. Sie sagen uns, ob eine bestimmte Handlung moralisch gut, falsch, geboten oder pflichtgemäß ist und ob wir sie ausführen sollten oder nicht.
Normen sind ebenso wie Werte nicht ewig gültig. Sie ändern sich in verschiedenen Gesellschaften und werden immer wieder von größeren Gruppen von Menschen neu festgelegt. Natürlich haben einige von ihnen auch überzeitlichen Charakter, d. h. sie gelten über eine lange Zeit für eine große Gruppe von Menschen. Dazu gehören z. B. die Zehn Gebote aus dem Alten Testament der Bibel, die seit über 2000 Jahren eine Richtschnur menschlichen Handelns sind.

Nöstlinger, Christine (geb. 1936)
ist eine bekannte österreichische Kinderbuchautorin. Zum Schreiben kam Christine Nöstlinger, weil es ihr zu Hause mit den beiden Kindern langweilig war: Sie begann einfach damit, ein Kinderbuch zu malen und zu schreiben. Eine ganze Reihe ihrer Geschichten hat Christine Nöstlinger selbst illustriert, und bei einigen anderen Büchern stammen die Bilder von ihrer Tochter, die ebenfalls Christine heißt.

Nozick, Robert (1938–2002)
lehrte Philosophie an der Harvard-Universität in Boston. Er beschäftigte sich hauptsächlich mit politischer Philosophie und wurde in Deutschland durch sein Buch „Anarchie, Staat, Utopie" bekannt.

Pharao
bedeutet „Hohes Haus". Der König im alten Ägypten wurde wie ein Gott verehrt.

Philister
war ein Angehöriger eines Volkes, das an der Küste des östlichen Mittelmeeres lebte. Die Philister eroberten das Land Kanaan zur Zeit des Königs Saul und wurden erst durch David besiegt. Kanaan erhielt später den Namen Palästina. Das heißt Philisterland.

Philosophie
stammt aus dem Griechischen. *Philos* bedeutet Freund und *sophia* Weisheit, beide zusammen ergeben also die „Liebe zur Weisheit".
Bereits im 6. Jahrhundert v. Chr. wurden in Griechenland Männer, die sich in vielen Bereichen des Lebens gut auskannten, z .B. in der Staatskunst, als Weise bezeichnet. Zu ihnen gehörte auch Thales (624–546 v. Chr.) von Milet. Er war der erste Philosoph in Europa.
In der Philosophie werden wichtige Probleme des menschlichen Lebens wie z. B. Gut und Böse, Gerechtigkeit oder die Entstehung des Universums durchdacht, hinterfragt und in Theorien zusammengefasst. Sie ziehen sich wie ein roter Faden durch die Geschichte philosophischen Denkens.

Platon (428–348 v. Chr.)
gehört zu den berühmtesten griechischen Philosophen. Er gründete in Athen eine Philosophenschule, die Platonische Akademie. Platons Hauptwerk heißt „Der Staat". Darin legt er dar, was er unter einem gerechten Staat versteht. An der Spitze dieses Staates sollte ein Philosoph stehen, der in einem langen Weg der Erkenntnis die notwendigen Qualifikation für das Staatsamt erwerben muss. Die übrigen Mitglieder des Staates verfügen über keinerlei Privateigentum und leben in einer ehelosen Gemeinschaft.

Priester
bedeutet im Griechischen „Ältester". Dieses Amt wurde bei den Israeliten vererbt. Der Priester verrichtete alle Dienste im Tempel.

Prometheus (griechisch: der Vorausdenkende)
ist in den griechischen Mythen ein Halbgott (ein Titan), der die Aufgabe erhält, die Lebewesen, also auch die Menschen zu erschaffen. Als Prometheus für die Menschen das Feuer vom Himmel raubt, bestraft Zeus ihn sehr hart, indem er ihn an einen Felsen schmiedet. Jeden Tag kommt ein Adler und zerfleischt ihm die Leber, die immer wieder nachwächst.
Epimetheus (griechisch: der zu spät Bedenkende, Erkennende) ist der Bruder von Prometheus.

Protagoras (483–411 v. Chr.)
war der erste gut bezahlte Philosophielehrer in Griechenland. Er gilt zusammen mit Gorgias (483–375 v. Chr.) und Prodikos (ca. 400 v. Chr.) als Begründer der sophistischen Bewegung. Der Name leitet sich von dem griechischen Wort *sophia* ab,

das Weisheit bedeutet. Die Sophisten waren also Lehrer der Weisheit. Protagoras wanderte fast 40 Jahre durch ganz Griechenland, um den Menschen das Philosophieren beizubringen. Er war mit Aspasia von Milet befreundet und diente ihrem Mann, dem Herrscher Perikles, als Ratgeber.

Rabbiner
oder auch Rabbi ist ein Titel. Der Rabbiner hat das Judentum und seine Auslegungen besonders intensiv studiert. Er ist ein hervorragender Kenner der jüdischen Gebete und Sitten. Der Rabbi steht der Gemeinde als Ratgeber in Fragen der Religion und des Gottesdienstes zur Seite.

Robinson und Freitag
sind Helden aus dem Roman „Robinson Crusoe" (1719) des englischen Schriftstellers Daniel Defoe.

Saint-Exupéry, Antoine de (1900–1944)
war ein französischer Schriftsteller und Flieger. Im „Kleinen Prinzen" muss der Erzähler mit seinem Flugzeug mitten in der Sahara notlan-den, „tausend Meilen von jeder bewohnten Gegend entfernt". Da begegnet er einem seltsamen Jungen, der ihm verrät, er sei ein Prinz von einem kleinen Stern.

Savater, Fernando (geb. 1947)
ist Professor für Philosophie an der Universität Complutense in Madrid. In seinem Buch „Tu was du willst", das er für seien Sohn schrieb, versucht er die Frage nach dem guten Leben zu beantworten.

Shoah
heißt auf Hebräisch Katastrophe oder Untergang. Die Juden verwenden diesen Begriff für den nationalsozialistischen Massenmord während des Zweiten Weltkrieges.

Sinai
ist eine Wüste und ein Berg gleichen Namens auf der Halbinsel Sinai im heutigen Ägypten. Auf dem Berge Sinai soll Mose die Zehn Gebote von Gott direkt erhalten haben.

Schopenhauer, Arthur (1788–1860)
war ein deutscher Philosoph und Schriftsteller, der behauptete, dass das Mitleid der Grund moralischen Handelns sei.

Sokrates (um 470–399 v. Chr.)
war ein bedeutender griechischer Philosoph. Er diskutierte auf dem Athener Marktplatz, der Agora, auch mit Jugendlichen, die er durch gezielte Fragen zum eigenen Nachdenken anregen wollte. Wegen Jugendverführung und Gotteslästerung wurde er zum Tode verurteilt und durch den Schierlingsbecher (Gift) getötet.

Sprache
ist ein System von Zeichen. Sie dient der zwischenmenschlichen Verständigung und der Übermittlung von Informationen. In der Philosophie wird vor allem untersucht, wie Sprache entstanden ist und welche Verbindung zwischen Sprechen und Denken besteht.

Strafmündigkeit
Kinder unter 14 Jahren können für begangene Straftaten nicht durch ein Strafgericht zur Verantwortung gezogen werden, sie sind also nicht strafmündig. Mit dem vollendeten 14. Lebensjahr beginnt die bedingte Strafmündigkeit, weil Jugendliche mit diesem Alter schon das Unrecht einer Tat erkennen. Im Unterschied zum Erwachsenenstrafrecht steht jedoch bei einem Gerichtsurteil die Erziehung des Jugendlichen im Vordergrund.

Synonym
ist ein Wort, das in einem bestimmten Zusammenhang die gleiche Bedeutung hat wie ein anderes Wort.

Die Taliban
waren muslimische Kämpfer, die in Afghanistan mit Gewalt und Terror einen Gottesstaat errichten wollten. Sie verboten Frauen und Mädchen bei Androhung drastischer Strafen, ohne männliche Begleitung unverschleiert auf die Straße zu gehen, Schulen zu besuchen oder sich in Krankenhäusern behandeln zu lassen.

Thora (oder Tora)
ist das hebräische Wort für Gesetz, Weisung oder Lehre. Im Judentum wird die Buchrolle Thora genannt.

Toleranz
wird von dem lateinischen Verb *tolerare* abgeleitet, was auf Deutsch so viel wie erdulden oder ertragen heißt. In der Philosophie hat Toleranz die Bedeutung der Duldsamkeit bzw. der Akzeptanz verschiedener Meinungen, Normen oder religiöser Überzeugungen: Ich bin bereit, andere Meinungen „zu erdulden", auch wenn sie meiner Weltsicht widersprechen und ich sie nicht so toll finde. Dennoch halte ich sie für wertvoll und bin bereit, mich mit ihnen auseinanderzusetzen.

Twain, Mark (1835–1910)
war ein amerikanischer Schriftsteller. Er ist vor allem durch seine Bücher über die Abenteuer von Tom Sawyer und Huck Finn bekannt, die ereignisreichen Geschichten um zwei Jungen aus dem Mississippi-Tal.

Vernunft
bezeichnet das Vermögen des Menschen, Zusammenhänge in der Welt zu erkennen, zu argumentieren und auf der Grundlage von Prinzipien höhere Ziele und Zwecke zu formulieren.

Wollstonecraft, Mary (1759–1797)
war schon zu Lebzeiten eine bekannte englische Philosophin. Sie hat sich mit Problemen wie Freundschaft, Glück und Tierschutz beschäftigt. Vor allem aber interessierten sie das Verhältnis zwischen Mädchen und Jungen und die Frage, welche Rolle Gefühle im Leben der Menschen spielen.

Zeus
ist bei den Griechen der Göttervater. Als mächtigster Gott und Herrscher über den Himmel sorgt Zeus für Recht und Ordnung. Er hat drei göttliche Gemahlinnen (Metis, Themis und Hera), aber auch zahlreiche menschliche Geliebte. Die wichtigsten Götter Griechenlands leben auf dem Berg Olymp. Sie haben menschliche Gestalt, sind jedoch unsterblich.

Zion
ist ein Berg in Jerusalem. Oft verwendet man diesen Namen als Bezeichnung für Israel oder auch Jerusalem.

Bildverzeichnis

S. 9: Bundesministerium des Inneren
S. 12: Picture International, München
S. 14: Joan Miró, © Succeessió Miró / VG Bild-Kunst, Bonn 2009
S. 20, 26, 27, 31 (4), 56 u, 61, 86, 88/89, 91, 92, 101: Thielicke, Ralf, Leipzig
S. 22 (1): Lade, Helga, Berlin
S. 28: Hofstadter, Douglas, Gödel, Escher, Bach, Stuttgart 1995
S. 29: Reed, Jeffrey, München
S. 36: Welt der Mythen, Köln 2001, S. 79
S. 37 o: Friedel, Michael, München
S. 37 u: Welt der Mythen, Köln 2001, S. 120
S. 38: Welt der Mythen, Köln 2001, S. 24
S. 40: Hänse, Ingrid, Leipzig (Reproduktion)
S. 50/51, 65 u, 104, 105, 110, 154, 155: Lindner, Holger, Berlin
S. 62: O'Barry, Ric, Florida
S. 64: Greenpeace, Hamburg (2)
S. 65: World Wide Found for Nature
S. 66: dpa, Frankfurt a. M.
S. 67: Greenpeace, Hamburg
S. 68 o: Investitionsprogramm „Zukunft Bildung und Betreuung". Ganztagsschulen. Zeit für mehr.
S. 68 u: Roeder, Jan, München
S. 69, 72 (2), 80, 83 o: Schmidt, Michaela, Wermsdorf
S. 70, 109, 161: akg, Berlin
S. 83: Leinberger, Thomas, Berlin
S. 84 u: Marie Dorigny, Sorj Chalandon; Kinder in Ketten, Erstauflage Genf/München, Ariston Verlag, 1993
S. 85: Böthling, Jörg, Hamburg
S. 90 (2): Kinderhilfe Afghanistan
S. 93 u, 99 (2): Wöstenberg, Gabriele, Banzkow
S. 94, 164: Ausserhover, David, Berlin
S. 97: Spiegel, 50/10.12.01, S. 62
S. 103 lo: Chronik des Sports, München
S. 106: Wolfgang Mattheuer, © VG Bild-Kunst, Bonn 2009
S. 109: Michaelsen, Jürgen, Wismar
S. 114: dpa, Frankfurt a. M. (2), Stiftung Weltethos, Tübingen
S. 116: Marc Chagall, © VG Bild-Kunst, Bonn 2009
S. 118: Marc Chagall, © VG Bild-Kunst, Bonn 2009
S. 117, 120/121, 122: Millet, Claude und Denise, Paris
S. 124: Grünberg, Christine
S. 126, 131 u: Brüning, Barbara, Hamburg
S. 128, 130: Juden in Sachsen, Leipzig 1994
S. 129: Edvard Munch, © The Munch Museum / The Munch Ellingsen Group / VG Bild-Kunst, Bonn 2009
S. 131 o: www.mittelschule-bretnig.de/schule_neu/synagoge_in_dresden_und_leipzig.htm
S. 133: Glaser, Paul
S. 140: Grafik + Konzept des Plakats: Fritz Arnold und Nora Papajewski, Text: „Der Andere ist anders.", Walter Dirks.
S. 146: Leipziger Missionswerk
S. 148, 149: Warter, Stefan
S. 151: dpa, Frankfurt a. M.
S. 152 (1): Mauritus, Berlin
S. 158/159: Grebner, Inka, Leipzig
S. 161: Florian, Dieter: Leipzig
S. 165: Galerie Schwind, Frankfurt a. M.

o – oben; u – unten;

Trotz größter Sorgfalt ist es uns nicht in allen Fällen gelungen, zu den Abbildungen den Rechteinhaber zu ermitteln. Berechtigte Ansprüche werden selbstverständlich über die üblichen Vereinbarungen abgegolten.

Die Autoren dieses Buches sind:

Barbara Brüning: Kapitel 1, 2, 4, 5, 7, 12, 13
Frederick Brüning: Kapitel 7, 8
Christine Grünberg: Kapitel 9
Michaela Schmidt: Kapitel 6, 10
Gabriele Wöstenberg: Kapitel 3, 11

Dieses Lehrbuch folgt der reformierten Rechtschreibung und Zeichensetzung.

Lektorat: Siegfried Kätzel, Frank Förster
Umschlag und Gestaltung: Ralf Thielicke
Druck und Binden: Druckerei Wagner Verlag und Werbung GmbH, Großschirma
ISBN: 978-3-86189-**310-3**

MILITZKE • www.militzke.de

Die letzte Jahreszahl bezeichnet das Erscheinungsjahr dieser Auflage:
2010 2009